書名：大清相法
系列：心一堂術數古籍珍本叢刊　相術類
作者：心一堂編

主編、責任編輯：陳劍聰
心一堂術數古籍珍本叢刊編校小組：陳劍聰　素聞　梁松盛　鄒偉才　虛白盧主

出版：心一堂有限公司
地址／門市：香港九龍尖沙咀東麼地道六十三號好時中心LG 六十一室
電話號碼：+852-6715-0840　+852-3466-1112
網址：publish.sunyata.cc
電郵：sunyatabook@gmail.com
網上書店：http://book.sunyata.cc
網上論壇：http://bbs.sunyata.cc/

版次：二零一四年五月初版
平裝

定價：港幣　八十八元正
　　　人民幣　八十八元正
　　　新台幣　三百二十元正

國際書號：ISBN 978-988-8266-80-7

香港及海外發行：香港聯合書刊物流有限公司
地址：香港新界大埔汀麗路三十六號中華商務印刷大廈三樓
電話號碼：+852-2150-2100
傳真號碼：+852-2407-3062
電郵：info@suplogistics.com.hk

台灣發行：秀威資訊科技股份有限公司
地址：台灣台北市內湖區瑞光路七十六巷六十五號一樓
電話號碼：+886-2-2796-3638
傳真號碼：+886-2-2796-1377
網路書店：www.govbooks.com.tw
　　　　　www.bodbooks.com.tw
經銷：易可數位行銷股份有限公司
地址：台灣新北市新店區寶橋路二三五巷六弄三號五樓
電話號碼：+886-2-8911-0825
傳真號碼：+886-2-8911-0801
email：book-info@ecorebooks.com
易可部落格：http://ecorebooks.pixnet.net/blog

中國大陸發行・零售：心一堂書店
深圳地址：中國深圳羅湖立新路六號東門博雅負一層零零八號
電話號碼：+86-755-8222-4934
北京地址：中國北京東城區雍和宮大街四十號
心一店淘寶網：http://sunyatacc.taobao.com

心一堂術數古籍 珍本整理 叢刊 總序

術數定義

術數，大概可謂以「推算（推演）、預測人（個人、群體、國家等）、事、物、自然現象、時間、空間方位等規律及氣數，並或通過種種『方術』，從而達致趨吉避凶或某種特定目的」之知識體系和方法。

術數類別

我國術數的內容類別，歷代不盡相同，例如《漢書・藝文志》中載，漢代術數有六類：天文、曆譜、五行、蓍龜、雜占、形法。至清代《四庫全書》，術數類則有：數學、占候、相宅相墓、占卜、命書、相書、陰陽五行、雜技術等，其他如《後漢書・方術部》、《藝文類聚・方術部》、《太平御覽・方術部》等，對於術數的分類，皆有差異。古代多把天文、曆譜、及部份數學均歸入術數類，而民間流行亦視傳統醫學作為術數的一環；此外，有些術數與宗教中的方術亦往往難以分開。現代學界則常將各種術數歸納為五大類別：命、卜、相、醫、山，通稱「五術」。

本叢刊在《四庫全書》的分類基礎上，將術數分為九大類別：占筮、星命、相術、堪輿、選擇、三式、讖諱、理數（陰陽五行）、雜術（其他）。而未收天文、曆譜、算術、宗教方術、醫學。

術數思想與發展——從術到學，乃至合道

我國術數是由上古的占星、卜筮、形法等術發展下來的。其中卜筮之術，是歷經夏商周三代而通過

「龜卜、蓍筮」得出卜（筮）辭的一種預測（吉凶成敗）術，之後歸納並結集成書，此即現傳之《易經》。經過春秋戰國至秦漢之際，受到當時諸子百家的影響、儒家的推崇，遂有《易傳》等的出現，原本是卜筮術書的《易經》，被提升及解讀成有包涵「天地之道（理）」之學。因此，《易・繫辭傳》曰：「易與天地準，故能彌綸天地之道。」

漢代以後，易學中的陰陽學說，與五行、九宮、干支、氣運、災變、律曆、卦氣、讖緯、天人感應說等相結合，形成易學中象數系統。而其他原與《易經》本來沒有關係的術數，如占星、形法、選擇，亦漸漸以易理（象數學說）為依歸。《四庫全書・易類小序》云：「術數之興，多在秦漢以後。要其旨，不出乎陰陽五行，生尅制化。實皆《易》之支派，傅以雜說耳。」至此，術數可謂已由「術」發展成「學」。

及至宋代，術數理論與理學中的河圖洛書、太極圖、邵雍先天之學及皇極經世等學說給合，通過術數以演繹理學中「天地中有一太極，萬物中各有一太極」（《朱子語類》）的思想。術數理論不單已發展至十分成熟，而且也從其學理中衍生一些新的方法或理論，如《梅花易數》、《河洛理數》等。

在傳統上，術數功能往往不止於僅僅作為趨吉避凶的方術，及「能彌綸天地之道」的學問，亦有其「修心養性」的功能，「與道合一」（修道）的內涵。《素問・上古天真論》：「上古之人，其知道者，法於陰陽，和於術數。」數之意義，不單是外在的算數、歷數、氣數，而是與理學中同等的「道」、「理」--心性的功能，北宋理氣家邵雍對此多有發揮：「聖人之心，是亦數也」、「萬化萬事生乎心」、「心為太極」。《觀物外篇》：「先天之學，心法也。……蓋天地萬物之理，盡在其中矣，心一而不分，則能應萬物。」反過來說，宋代的術數理論，受到當時理學、佛道及宋易影響，認為心性本質上是等同天地之太極。天地萬物氣數規律，能通過內觀自心而有所感知，即是內心也已具備有術數的推演及預測、感知能力；相傳是邵雍所創之《梅花易數》，便是在這樣的背景下誕生。

《易・文言傳》已有「積善之家，必有餘慶；積不善之家，必有餘殃」之說，至漢代流行的災變說及讖緯說，我國數千年來都認為天災，異常天象（自然現象），皆與一國或一地的施政者失德有關；下至家族、個人之盛衰，也都與一族一人之德行修養有關。因此，我國術數中除了吉凶盛衰理數之外，人心的德行修養，也是趨吉避凶的一個關鍵因素。

術數與宗教、修道

在這種思想之下，我國術數不單只是附屬於巫術或宗教行為的方術，又往往是一種宗教的修煉手段——通過術數，以知陰陽，乃至合陰陽（道）。「其知道者，法於陰陽，和於術數。」例如，「奇門遁甲」術中，即分為「術奇門」與「法奇門」兩大類。「法奇門」中有大量道教中符籙、手印、存想、內煉的內容，是道教內丹外法的一種重要外法修煉體系。甚至在雷法一系的修煉上，亦大量應用了術數內容。此外，相術、堪輿術中也有修煉望氣（氣的形狀、顏色）的方法；堪輿家除了選擇陰陽宅之吉凶外，也有道教中選擇適合修道環境（法、財、侶、地中的地）的方法，以至通過堪輿術觀察天地山川陰陽之氣，亦成為領悟陰陽金丹大道的一途。

易學體系以外的術數與的少數民族的術數

我國術數中，也有不用或不全用易理作為其理論依據的，如揚雄的《太玄》、司馬光的《潛虛》。也有一些占卜法、雜術不屬於《易經》系統，不過對後世影響較少而已。

外來宗教及少數民族中也有不少雖受漢文化影響（如陰陽、五行、二十八宿等學說）但仍自成系統的術數，如古代的西夏、突厥、吐魯番等占卜及星占術，藏族中有多種藏傳佛教占卜術、苯教占卜術、擇吉術、推命術、相術等；北方少數民族有薩滿教占卜術；不少少數民族如水族、白族、布朗族、佤族、彝族、苗族等，皆有占雞（卦）草卜、雞蛋卜等術，納西族的占星術、占卜術，彝族畢摩的推命術、占卜術……等等，都是屬於《易經》體系以外的術數。相對上，外國傳入的術數以及其理論，對我國術數影響更大。

曆法、推步術與外來術數的影響

我國的術數與曆法的關係非常緊密。早期的術數中，很多是利用星宿或星宿組合的位置（如某星在某州或某宮某度）付予某種吉凶意義，并據之以推演，例如歲星（木星）、月將（某月太陽所躔之宮次）等。不過，由於不同的古代曆法推步的誤差及歲差的問題，若干年後，其術數所用之星辰的位置，已與真實星辰的位置不一樣了；此如歲星（木星），早期的曆法及術數以十二年為一周期（以應地支），與木星真實周期十一點八六年，每幾十年便錯一宮。後來術家又設一「太歲」的假想星體來解決，是歲星運行的相反，週期亦剛好是十二年。而術數中的神煞，很多即是根據太歲的位置而定。又如六壬術中的「月將」，原是立春節氣後太陽躔娵訾之次而稱作「登明亥將」，至宋代，因歲差的關係，要到雨水節氣後太陽才躔娵訾之次，當時沈括提出了修正，但明清時六壬術中「月將」仍然沿用宋代沈括修正的起法沒有再修正。

由於以真實星象周期的推步術是非常繁複，而且古代星象推步術本身亦有不少誤差，大多數術數除依曆書保留了太陽（節氣）、太陰（月相）的簡單宮次計算外，漸漸形成根據干支、日月等的各自起例，以起出其他具有不同含義的眾多假想星象及神煞系統。唐宋以後，我國絕大部份術數都主要沿用這一系統，也出現了不少完全脫離真實星象的術數，如《子平術》、《紫微斗數》、《鐵版神數》等。後來就連一些利用真實星辰位置的術數，如《七政四餘術》及選擇法中的《天星選擇》，也已與假想星象及神煞混合而使用了。

隨着古代外國曆（推步）、術數的傳入，如唐代傳入的印度曆法及術數，元代傳入的回回曆等，其中我國占星術便吸收了印度占星術中羅睺星、計都星等而形成四餘星，又通過阿拉伯占星術而吸收了其中來自希臘、巴比倫占星術的黃道十二宮、四元素學說（地、水、火、風），並與我國傳統的二十八宿、五行說、神煞系統並存而形成《七政四餘術》。此外，一些術數中的北斗星名，不用我國傳統的星名：天樞、天璇、天璣、天權、玉衡、開陽、搖光，而是使用來自印度梵文所譯的：貪狼、巨門、祿存、文曲，廉貞、武曲、破軍等，此明顯是受到唐代從印度傳入的曆法及占星術所影響。如星命術的《紫微斗數》及堪輿術的《撼龍經》等文獻中，其星皆用印度譯名。及至清初《時憲曆》，置閏之法則改用西法「定氣」。清代以後的術數，又作過不少的調整。

陰陽學——術數在古代、官方管理及外國的影響

術數在古代社會中一直扮演着一個非常重要的角色，影響層面不單只是某一階層、某一職業、某一年齡的人，而是上自帝王，下至普通百姓，從出生到死亡，不論是生活上的小事如洗髮、出行等，大事如建房、入伙、出兵等，從個人、家族以至國家，從天文、氣象、地理到人事、軍事，從民俗、學術到宗教，都離不開術數的應用。我國最晚在唐代開始，已把以上術數之學，稱作陰陽（學），行術數者稱陰陽人。（敦煌文書、斯四三二七唐《師師漫語話》：「以下說陰陽人謾語話」，此說法後來傳入日本，今日本人稱行術數者為「陰陽師」）。一直到了清末，欽天監中負責陰陽術數的官員中，以及民間術數之士，仍名陰陽生。

古代政府的中欽天監（司天監），除了負責天文、曆法、輿地之外，亦精通其他如星占、選擇、堪輿等術數，除在皇室人員及朝庭中應用外，也定期頒行日書、修定術數，使民間對於天文、日曆用事吉

凶及使用其他術數時，有所依從。

中國古代政府對官方及民間陰陽學及陰陽官員，從其內容、人員的選拔、培訓、認證、考核、律法監管等，都有制度。至明清兩代，其制度更為完善、嚴格。

宋代官學之中，課程中已有陰陽學及其考試的內容。（宋徽宗崇寧三年〔一一零四年〕崇寧算學令：「諸學生習……並曆算、三式、天文書。」，「諸試……三式即射覆及預占三日陰陽風雨。天文即預定一月或一季分野災祥，並以依經備草合問為通。」

金代司天臺，從民間「草澤人」（即民間習術數之士）考試選拔：「其試之制，以《宣明曆》試推步，及《婚書》、《地理新書》試合婚、安葬，並《易》筮法，六壬課、三命、五星之術。」（《金史》卷五十一・志第三十二・選舉一）

元代為進一步加強官方陰陽學對民間的影響、管理、控制及培育，除沿襲宋代、金代在司天監掌管陰陽學及中央的官學陰陽學課程之外，更在地方上增設陰陽學之課程（《元史・選舉志一》：「世祖至元二十八年夏六月始置諸路陰陽學。」）地方上也設陰陽學教授員，培育及管轄地方陰陽人。（《元史・選舉志一》：「（元仁宗）延祐初，令陰陽人依儒醫例，於路、府、州設教授員，凡陰陽人皆管轄之，而上屬於太史焉。」）自此，民間的陰陽術士（陰陽人），被納入官方的管轄之下。

至明清兩代，陰陽學制度更為完善。中央欽天監掌管陰陽學，明代地方縣設陰陽學正術，各州設陰陽學典術，各縣設陰陽學訓術。陰陽人從地方陰陽學肄業或被選拔出來後，再送到欽天監考試。（《大明會典》卷二二三：「凡天下府州縣舉到陰陽人堪任正術等官者，俱從吏部送（欽天監），考中，送回選用；不中者發回原籍為民，原保官吏治罪。」）清代大致沿用明制，凡陰陽術數之流，悉歸中央欽天監及地方陰陽官員管理、培訓、認證。至今尚有「紹興府陰陽印」、「東光縣陰陽學記」等明代銅印，及某某縣某某之清代陰陽執照等傳世。

清代欽天監漏刻科對官員要求甚為嚴格。《大清會典》「國子監」規定：「凡算學之教，設肄業生。滿洲十有二人，蒙古、漢軍各六人，於各旗官學內考取。漢十有二人，於舉人、貢監生童內考取。附學生二十四人，由欽天監選送。教以天文演算法諸書，五年學業有成，舉人引見以欽天監博士用，貢監生童以天文生補用。」學生在官學肄業、貢監生肄業或考得舉人後，經過了五年對天文、算法、陰陽學的學習，其中精通陰陽術數者，會送往漏刻科。而在欽天監供職的官員，《大清會典則例》「欽天監」規定：「本監官生三年考核一次，術業精通者，保題升用。不及者，停其升轉，再加學習。如能黽勉供職，即予開複。仍不及者，降職一等，再令學習三年，能習熟者，准予開複，仍不能者，黜退。」除定期考核以定其升用降職外，《大清律例》中對陰陽術士不準確的推斷（妄言禍福）是要治罪的。《大清律例．一七八．術七．妄言禍福》：「凡陰陽術士不許於大小文武官員之家妄言禍福，違者杖一百。其依經推算星命卜課，不在禁限。」大小文武官員延請的陰陽術士，自然是以欽天監漏刻科官員或地方陰陽官員為主。

官方陰陽學制度也影響鄰國如朝鮮、日本、越南等地，一直到了民國時期，鄰國仍然沿用着我國的多種術數。而我國的漢族術數，在古代甚至影響遍及西夏、突厥、吐蕃、阿拉伯、印度、東南亞諸國。

術數研究

術數在我國古代社會雖然影響深遠，「是傳統中國理念中的一門科學，從傳統的陰陽、五行、九宮、八卦、河圖、洛書等觀念作大自然的研究。……傳統中國的天文學、數學、煉丹術等，要到上世紀中葉始受世界學者肯定。可是，術數還未受到應得的注意。術數在傳統中國科技史、思想史，文化史、社會史，甚至軍事史都有一定的影響。……更進一步了解術數，我們將更能了解中國歷史的全貌。」（何丙郁《術數、天文與醫學中國科技史的新視野》，香港城市大學中國文化中心。）

可是術數至今一直不受正統學界所重視，加上術家藏秘自珍，又揚言天機不可洩漏，「（術數）乃吾國科學與哲學融貫而成一種學說，數千年來傳衍嬗變，或隱或現，全賴一二有心人為之繼續維繫，賴以不絕，其中確有學術上研究之價值，非徒癡人說夢，荒誕不經之謂也。其所以至今不能在科學中成立一種地位者，實有數困。蓋古代士大夫階級目醫卜星相為九流之學，多恥道之；而發明諸大師又故為惝恍迷離之辭，以待後人探索；間有一二賢者有所發明，亦秘莫如深，既恐洩天地之秘，復恐譏為旁門左道，始終不肯公開研究，成立一有系統說明之書籍，貽之後世。故居今日而欲研究此種學術，實一極困難之事。」（民國徐樂吾《子平真詮評註》，方重審序）

現存的術數古籍，除極少數是唐、宋、元的版本外，絕大多數是明、清兩代的版本。其內容也主要是明、清兩代流行的術數，唐宋以前的術數及其書籍，大部份均已失傳，只能從史料記載、出土文獻、敦煌遺書中稍窺一鱗半爪。

術數版本

坊間術數古籍版本，大多是晚清書坊之翻刻本及民國書賈之重排本，其中豕亥魚魯，或而任意增刪，往往文意全非，以至不能卒讀。現今不論是術數愛好者，還是民俗、史學、社會、文化、版本等學術研究者，要想得一常見術數書籍的善本、原版，已經非常困難，更遑論稿本、鈔本、孤本。在文獻不足及缺乏善本的情況下，要想對術數的源流、理法、及其影響，作全面深入的研究，幾不可能。

有見及此，本叢刊編校小組經多年努力及多方協助，在中國、韓國、日本等地區搜羅了一九四九年以前漢文為主的術數類善本、珍本、鈔本、孤本、稿本、批校本等數百種，精選出其中最佳版本，分別輯入兩個系列：

一、心一堂術數古籍珍本叢刊

二、心一堂術數古籍整理叢刊

前者以最新數碼技術清理、修復珍本原本的版面，更正明顯的錯訛，部份善本更以原色精印，務求更勝原本，以饗讀者。後者延請、稿約有關專家、學者，以善本、珍本等作底本，參以其他版本，進行審定、校勘、注釋，務求打造一最善版本，供現代人閱讀、理解、研究等之用。不過，限於編校小組的水平，版本選擇及考證、文字修正、提要內容等方面，恐有疏漏及舛誤之處，懇請方家不吝指正。

心一堂術數古籍 珍本 整理 叢刊編校小組

二零一三年九月修訂

光緒丙申暮春
袖海山房石印

古人云德不在貌形不勝心然君平之術亦無足惜並
躍馬先稱蔡澤效羊預定術青書史所載係傳可稽稽
揆其術則多而精其術則少耳余夙嗜于人書如陳希夷
嘗公明袁柳莊諸家論說無不搜覽參觀而我
朝大清相法一書近來之見坊間所刊盡屬萬山相法改頭
換面魚目混珠可嘆可憐乙未春以事北上謁禮部陳公
見案頭抄本一冊詢之知即是書而靳不予觀請之再三
始獲攜去一覽因借二三同志手錄其副南歸後來
閱者踵接肩摩戶限為穿緣倩泰西影印法以公諸

吾夫相人雖小術而鑑己衡人悉出乎此趨吉避凶之籍乎斯
雖曰小道必有可觀者在焉書成爲述其緣起于簡端

秘本大清相法總目

卷之二目錄

卷之三目錄

卷之四目錄

秘本大清相法卷之一

總論

未觀形貌先相心田麻衣心在形先形居心後神機蓋貌有形者也心無形者也有形不可憑而無形者可憑也且有形者恆因無形者而與為轉移也不然骨何以能換鬚何以可長而陰騭紋又何從現面乎哉心相篇所以有心無相相隨心生有相無心相隨心滅陳圖南古人形似獸皆有大聖德今人表似人獸心焉可測是賢不肖之殊誠不以貌而以心也孟東野詩爾身不長爾貌不揚何為將何為相一點靈臺丹青莫狀是富貴貧賤之殊亦誠不以貌而以心也裴晉公自贊云蓋貌之有形者人相之相也心之無形者鬼神所相之相也庶幾日省日修以求不愧於鬼神之默相云耳心相篇次推骨格為一世之榮枯氣色定行年之休咎神異賦少年取精神為富貴老年以氣血為榮華婦女取威嚴端正為上格小兒三五歲為嬰孩相神氣十二三歲為童子然後照大人相灋柳莊相擇交在眼未有眼惡睛露而可交者問貴在眼未有目無神而大

貴者問富在鼻未有鼻小準尖灶露而大富者問壽在神未有神不足而長壽者麻衣相問福在天庭問祿在口問名在耳問子在人中水鏡集問收成結果在作事始終問後福在心田心相篇問智慧在皮毛問苦樂在手足神異賦求全在聲士農工商聲亮必成不亮無終神相全編又云名在眉職在鼻計在口俊在目壽在耳貴在額福在背富在腹袁柳莊雜論名譽視乎兩耳及第在於雙眉通玄賦得意中面容慢慘先富後貧遭窘處顏貌溫和蚤窮晚發神異賦粒穀必珍富之本也隻字必惜貴之源也小過必懲德之根也微命必護壽之基也心相篇有一分精神則有一分之福祿有一日氣色則有一日之吉凶管輅蜀人相眼閩人相骨浙人相清淮人相重宋人相口江西人相色魯人相軒昂胡人相鼻太原人相重厚神相全編又曰南方人屬火故相天庭宜火旺為有用北方人屬水相地閣宜水旺為妙浙人乃屬金金清方許榮身閩人相脣口齒故閩地近海乃唇齒之闕太原乃山陝西也為中國屬土河南相穩重淮南人相厚實北方人相軒昂江南人相輕清江北人不嫌重蜀徽州乃岳之峻地

故獨相眉江西越尾相氣色不以骨格為念但得各處之相俱各得局方為可用相若不合難許榮身 柳莊相 然有南不相天又不相輕清北不相顴又不相重濁東不相嘴又不相色嫩西不相腿又不相老成 識人賦 更有南人似北必超羣北人似南終非騰東人似西主聲名西人似東主豐盈 同上 須知南人似北者其相身肥面黑北人似南者其相體瘦氣清 風鑒歌 一二品觀倉觀印三四品看準看輪牧民要觀六位憲臺要看雙山出兵須要看唇符國印武將必要察顴骨三陽出征上任要看眸子白睛邊塞功臣還看項喉唇舌此亦要濼也商賈黎庶細看十二宮各月部吏典差辦只看掌心決秋傷舉人看濼珠命門年壽三陽春試獨觀輔弼再看命門眸光射目白睛貫神可言及第入泮看年壽命門九流看鼻準耳輪 袁柳莊 天倉青不可出行年壽赤不可見官印堂暗不可起造地庫暗不可用人面多光粉不可交友恐有大害為桃花色即面上光彩 全上 九德可以修相如容物樂善好施進人保常不忘勤身愛物自謙 郭林宗 更有忠於君孝於親為衆德之先不得陽賞必為陰報

（旁注：凌霄；宜貴紫；明莊；李紅霞）

不在自身必在子孫（神相全編）部位無虧一生平穩氣色有滯終見凶迍總之凡相先觀部位次聽其聲再辯其色更察形神再觀乎骨肉不可忽也（神異賦）

高味卿曰吾觀人生富貴貧賤之徵以相斷之往往十得八九是相之于人真確而可憑者矣雖然相誠可憑獨不聞修心補相之說乎蓋可以定富貴貧賤之徵者相也而所以成富貴貧賤之相者心也心苟善將貧賤者可轉而為富貴心不善將富貴者可轉而為貧賤相以心主心以相呈禍福倚伏之機捷如影響故願世之有富貴相者尚宜益力於善以期永保此富貴也尤願世之有貧賤者亦當盡力於善以期默去此貧賤也若因相之偶然不足而遂自甘暴棄不思以修之者補之斯其人無怪終於貧賤矣古人有言曰善不積不足以成名豈不信哉

○○頭

五嶽　四瀆　三停　五官　六府　三才　五星　六曜
十二宮　四學堂　八學堂　頭面　額　五長　五短　五露
五小　八大　八小　六極　十大空亡　五行相生　五行相剋　美惡相雜
人分陰陽

頭為諸陽之會面為五行之宗列百脈之靈居通五臟之神路惟三才之成

象定一身之得失神相全編故五嶽四瀆欲得相朝三停五官必須相配同上【五嶽】
者左顴為東嶽泰山額為南嶽衡山鼻為中嶽嵩山頦為北嶽恆山右顴為西嶽○華山水
鏡集五嶽朝歸今世錢財自旺神異賦○中岳最要高隆須得東西朝應不隆峻則無勢多反覆也少壽中岳陷而無勢則四
岳無主歸四水相接不足取也中岳尖薄中年見破若東西傾側無勢亦無主中年破敗南要廣平高闊少年有成傾側不宜早當家北要豐潤老榮若尖
削缺陷末主無成故曰五岳朝拱福自天來○神相全編【四瀆】者耳為江目為河口為淮鼻為濟神相全編總
之水以山為秀山以水為清洞玄經○江要闊而深有重城之副潔則聰明家業不破河要深長黑者為清秀聰明富貴準
要方闊上薄則不覆下薄則不載無晚福而少壽也濟要豐隆光潤圓正有收不破不露則家有積畜○神相全編【三停】者自髮際至
眉間為上停以應天貴者必長而豐隆方而廣闊若尖狹缺陷主賤及刑厄
防尅父母自眉間至鼻為中停以應人壽者必隆而直峻而靜若短促塌偏
者主不仁不義不得兄弟妻子之力更有中年破損之患也自準下人中下二
頦為下停以應地富者必平而滿端而厚若長狹尖薄者主貧苦無田宅老
而艱辛也人象大成所以三停平等一生衣祿無虧不勻主貧賤孤夭不利將流年而斷○神異賦（附）身
上三停頭足腰看他長短欲勻調上停長者人多貴長短無差福不饒神相全編

〔五官〕者耳為採聽官眉為保壽官眼為監察官鼻為審辨官口為出納官同上
此外又有六府三才五星六曜十二官之分辨〔六府〕者上二府自輔角至天
倉中二府自命門至虎耳下二府自肩骨至地閣六府充直無缺陷瘢痕者
主財旺天倉峻起多財祿地閣方停萬頃田缺者不合○靈臺秘訣所以一官成十年貴顯一府就十載
富豐人論大統賦如得五官俱成其貴老終神相全編然亦當察其行之厚薄而定相
之厚薄也如墻薄易坦絹薄易裂硯薄易穿人薄易敗理之必然麻衣相〔三才〕
者額為天潤而圓者貴鼻為人旺而齊者壽頦為地方而潤者富神相全編〔五星〕
者額為火星髮際高而豐滿廣潤者有祿位早有藝學父母尊貴尖陋多文理者為陷了火星蹇於功名早子難成衣食平常兄弟無情損
妻破財鼻為土星須要準頭豐厚兩孔不露年上壽上平滿端正不偏至額其人土星入命并滿三分主有福祿壽如歪或準尖露主貧為
人不正右耳為木星左耳為金星貴在輪廓分明紅白色瑩大小門闊生得端正不反尖小薄高於眉眼者大貴若反尖側
窄為陷主損田宅破財帛無學識口為水星唇紅方潤人中深口齒端正為官食祿若唇掀齒跑口角垂主貧賤○同上〔六曜〕者
左眼為太陽光者福祿右眼為太陰黑者有官黑白分明長細入鬢者大貴黑多白少有光作事順骨肉
貴黑少白多黃赤色來陷了二星者損父母害妻子破田宅壽夭山根為月孛直者衣食印堂為紫氣圓者

有官月字宜高光彩為貴如紋沖破陷主子孫災厄讀書不成破業剋妻子左眉為羅睺長食天祿右眉為計都齊有妻兒二眉麤黑有彩過背眉連鼻骨主衣祿父母子息蔭貴眉相連入命宮主暈淺無志骨肉子息俱不測○同上十二宮者一命宮居兩眉之間山根之上光明如鏡學問皆通山根平滿乃主福壽土星聳直拱印者富貴眼分明者財旺眉接交相下賤凹沉必定貧寒亂理紋沖離鄉剋妻額窄眉枯財源大耗二財帛鼻乃財星截筒懸膽主富聳直豐起財旺富貴則中正不偏貧破則尖峯鷹嘴孔仰糧無宿竈空無積財三兄弟眉為兄弟清長過目三四無刑眉秀而疎枝幹端正新月和遠超羣粗短弟兄見別眉還蹇眼雁行必疎兩樣眉毛定然異母交連黃薄自喪他鄉旋結回毛兄弟蛇鼠四田宅位居兩眼赤眼侵瞳初破家園到老無糧作蘖眼為點漆終身產業榮華鳳目高眉置税三州五縣陰陽枯骨功名不利莫保田園冰輪火眼家財傾盡五男女在兩眼下名曰淚堂三陽平滿兒孫福祿榮昌隱隱臥蠶子息還須清貴淚堂深陷呂純陽云剋子刑妻定為男女無緣黑痣斜紋到老兒孫有剋口如吹火獨坐蘭芳若是平滿人中難得兒孫送老六

奴僕位居地閣重接水星頦圓豐滿侍立成羣輔弼相朝一呼百諾口如四字主呼聚喝散之權地閣尖斜受恩深而反成怨恨紋紋敗陷奴僕不周墻壁低傾恩成仇隙七妻妾位居魚尾號曰奸門光潤無紋必保妻全四德豐隆平滿娶妻財帛盈箱顴星侵天因妻得祿奸門深陷常作新郎魚尾交紋妻防惡死奸門黯黲自號生離黑痣斜紋外情好而心多淫慾魚尾深凹男子多淫奸門凸起婦人步節四句燭膽經 奸門如有雜色定然娶娼為妻袁柳莊 魚尾尚有梅花難免因妻家破同上設或直紋指魚尾亦主大苦同上指奸門明中生暗妻強妾弱暗內生明妾盛於妻同上奸門常暗子當庶出同上八疾厄位居山根隆而豐滿福祿無窮連接伏犀定主文貴瑩光有彩五福俱全壽年高平和鳴相守紋痕低陷連年迍疾沉疴枯骨尖斜者苦氣如煙霧者災九遷移位居眉角號曰天倉豐盈隆滿華彩無憂魚尾位平到老得人欽羨騰騰驛馬貴須游宦四方額角低陷到老住場難覓眉連交接此人破祖離家天地偏斜十居九變十官祿位居中正上合離宮伏犀貫頂一生不到訟庭驛馬朝歸官司退

擾光明瑩淨顯達超羣額角堂堂犯着官司貴解宮痕理破常招橫事眼如赤鯉實死徒刑十一福德在天倉牽連地閣福祿五星朝拱五福天地相朝頦圓額窄須知苦在初年額闊頤尖逃否還從晚景眉高目聳尤且平平眉壓耳掀休言福德十二相貌先觀五岳次辯三停盈滿此人富貴多榮三停俱等永保平生顯達五嶽朝聳官祿榮遷行坐威嚴為人尊重額主初運鼻管中年地閣水星（口也）是為末主若有剋陷斷為凶惡十二官俱（神相全編）學堂神氣能辯清中濁濁中清之相〔四學堂〕者眼為（又為官星）官學堂長而神清主有官職天庭為祿學堂高方光澤主貴壽當門兩齒為（又為口德學堂）內學堂周正明密主忠信孝敬耳門前（又為金為玉堂）之位為外學堂豐滿光潤主聰明何為〔八學堂〕頭為高明學堂取平圓而有異骨額為高廣學堂取四方而明潤印堂為光大學堂取闊爽圓滿而無痕傷眼為明秀學堂取黑白而有真光耳為聰明學堂取輪廓桃紅色白如霜口為忠信學堂取端方中正唇厚丹砂舌為廣德學堂取方長鋒刃色紅紋透眉為班筍學堂取高長細緊而闊爽有勢何為濁中之清人面雖則粗醜若得

神色有精氣魄有威四學無損八學有精雖濁亦為濁中之清人面雖取紅白忌乎神氣嬌嫩而無威目雖取長正忌乎露光而花媚齒雖取齊白忌乎欠明而無精眉雖取高爽忌乎粗短而色晦口雖取闊大鮮紅忌乎唇薄而口尖此為清中之濁也水鏡集 總之兩目近天不圓則日月暗水星近地不厚則甘泉無然頭短者欲圓頭長者欲方貧乏則頭小頸長不壽則頭偏額削頭尖頭細憂苦交加賦云男子頭尖終無成也方頭圓頭財福並至最忌兎頭獐腦其性輕浮神相全編 不嫌燕頷虎頭定登將相神異賦 好頭不如好面好面不如好身西岳先生 天削者刑傷地削者貧夭神相全編 天庭高聳少年富貴可期地閣方圓晚歲榮枯定取神相全編 頭生異骨人為貴面若乾枯定是貧玉管訣 艱辛多面大鼻小神異賦 不了必面大頭尖神相全編 男子頭垂一心貪酷面上生泡妻子俱喪柳莊相 窮則面薄無腮刑必鼻尖首大多學少成必是有權無面水鏡集 破家損子定然面肉輕浮神相全編 繃鼓難言壽驚人賦 虛薄主夭神異賦 反無勢貧少幫扶神相全編 腫鼻歪偏多為奴卒兇暴多面橫骨反財至必封起面豐水鏡集 喜面瘦身肥忌面肥身瘦神相

全編面粗身細者多趨利達身粗面細者少吉多凶燭膽經面白身黑性易而賤
面黑身白身難主安樂而貴神相全編身白面黃不久守困身黃面白不久身榮柳莊相面
似橘皮終主貧苦橫生面肉其性必凶神異賦面上生瘤主窮凡肉瘤細色者
佳白色者不好背上生瘤主富然而不久柳莊相青變藍陰險毒極雀子斑晦
氣蹇難神相全編面若青灰堪誇賢哲黃灰面色富貴榮華皮厚者絕富皮薄者
敏貧麻衣相焦枯似塵貧下夭死三拳之面剋子而窮神相全編女主賤剋夫○面色之最
喜者白如凝脂黑如漆光黃如蒸栗紫如絳繒而神滿氣厚者榮貴之資也
更有面如滿月氣深色秀而神彩射人者謂之朝霞之面男主公侯將相女
主后妃夫人如其部位欹斜不正傾側反勢色嫩氣嬌精浮神泛赤暴如火
昏暗似泥毛色茸茸無風似有塵埃者皆主貧夭也上同面上麻點亦主吉凶
麻內色暗而晦滯者其氣濁麻內色紫而盈面者其氣秀精實氣固麻色麗
氣散神衰麻色枯有鐵面連鬚古怪之麻取雙麻細緊入鬚而不斷有一面
龜紋大塊之麻目有神光骨有氣魄有此丰采氣象便成大器麻之最要緊

者眉也凡滿面麻兩眉秀長而麻不侵斷者為濁中清有一面黑麻麻內紅黃有氣口唇色鮮紅麗似花為麻有血氣唇有精神定多福壽有面白而麻白者主夭如白麻而紅若吳桃者秀氣也凡麻之滿面而無傷於眉不攢於目不破印不繞鼻不鎖口者最難得也水鏡集 頭方者頂高則為居尊天子額方者頂起則為輔佐良臣頭圓者富一主貴而有壽額潤者貴亦堪誇神相全編 額方而潤初主榮華額骨削偏早年偃蹇神相賦 額寬終是貴額小沒田莊額塌者少年虛耗額低者刑剋愚頑額門殺重者早年困苦頭側額窄者庶出或因術而得之人額大先妨父頭尖母必亡右陷損母左陷損父雙頂亦主損父頂陷者主夭棗核者頭如棗核者上下尖小主貧賤主賤神相全編 額有旋毛額多亂紋二者主過房柳莊相 下長上短始於憂勤下短上長終于逸樂燭膽經 (五長)者頭面身手足五者俱長而骨貌豐隆清秀滋潤者善也如骨粘筋露乃屬賤相或有手長足短主富貴手短足長主貧賤神相全編 (五短)者頭面身手足俱短要骨肉細滑印堂明潤主公卿如骨肉粗惡五嶽傾陷者主下賤上長下短主富貴上短下長居貧下也同上 (五露)者眼

突促壽耳反無知識鼻仰主路死唇掀惡死結喉惡死五露俱全福祿綿綿同上一露二露有衫無褌露不至五貧夭孤苦同上然有五露全而賤者如目露無神鼻露無準口露齒乾黃耳露無輪廓聲露無音亦有一露二露而貴者如目露内有真光而藏秀鼻露準必瑩潤而藏收耳露必輪廓全完而有珠口露必齒如含玉而齊固聲露必條達而音清兼之色露而不露氣威露而不露神乃貴相非賤格也又有眉骨高而無眉顴骨高而無髯口濶大而無鬚皆為露也俱主貧賤水鏡集

五小者頭眼腹耳口俱小端正無缺陷者主貴其三四小一二大者屬貧賤之相也神相全編

八大者眼雖大昏且濁鼻雖大梁柱弱口雖大垂兩角耳雖大門孔薄額雖大骨無着聲雖大破且悲面雖大塵且黯身雖大舉止危以上八大苟有如此缺一不應則反主貧賤也同上

八小者眼雖小俊秀且長鼻雖小梁且柱口雖小稜且方耳雖小堅且圓額雖小平且正聲雖小宮且商面雖小清且朝身雖小停且齊以上八小苟有如此端美相並反為富貴也同上

六極頭小為一極不得上天力額小為二極

不得父母力目小為三極無有廣知識鼻小為四極農作無體息口小為五
極無有威衣食耳小為六極壽命促朝夕分紋經尚頭小方平額小圓正目小
精明鼻小柱成口小媚生耳小有輪亦主聰明衣食同上（十大空亡）者額尖翻
鼓為天空主孤刑父母五十前不吉頰削為地空主晚孤寒天倉陷為一空
主破祖祿淺面無城廓為一空主無成無壽無祖業山根陷為一空主離祖
親疎風門露為一空主財祖叔疎破祖離妻鬚不過唇為一空主貴力朋疎
財散子弱耳無弦為一空主破祖無居財耗無結果唇無鬚為一空主賤孤
晚苦神相全編（五行相生）者如耳為輪珠鼻為梁此金水相生主吉眼明兼耳多
神氣非貴即富口方鼻直此金土相生主貴唇紅眼黑為木生火主志氣足
財舌長唇正為火生土主中年發福眉秀眼長主貴同上（五行祖剋）者如耳大
唇薄為土剋水主貧唇大耳薄亦主貧鼻大眼小為金剋木主孤貧眼大耳
小主夭舌小口大為水剋火主孫耳小鼻蠢貪惡多災舌大鼻小為火剋金
主財破鼻大舌小主苦貧孤眼大唇小為木剋土主貧唇大眼小主賤死無

墓堈同其有美惡相雜如頭雖圓折腰枝額雖廣尖腳頤骨雖峻皮却粗耳雖厚梁柱低髮雖黑粗且濃眼雖長眉且促背雖豐手如枝胸且濶背成坑舌雖紅口如吹唇雖方齒不齊腰雖厚行如馳腳雖厚粗無紋身雖大聲音細面雖白色粗黑肉雖豐結却喉面雖短眼却長氣雖清行步欹語雖和人似痴色雖明視東西坐雖正食淋漓以上二十種皆有美惡相雜若此相者或富則夭或貧則壽或貴則貧或先富而後貧或先貴而後賤宜精思而裁之也堈同又有太陰人乃貪而不仁少陰人乃小貪心賊而惡人太陽人乃心慈行善而無悔少陽人乃好外交陰陽平和人乃人靜而謙也水鏡集

高味卿曰凡相有虧處此屬不足之病運交至此必有災難余見十八味大補湯服此可愈其方藥孝順十分陰騭全用仁義廣用信行半斤善舉隨和氣一團忠直一塊好心一片小心一個公道全用道理三分安分一個老實一個仔細三分熱腸一條淫心一片洗淨忍耐百個方便不拘多少此方用心細研為末用波羅密成丸如菩提子大每服一百零八粒將平心湯送下

○此方出在靈山會上大藏經中○照方日服無有不效

◎◎耳

耳為腎竅腎衰則耳不聰腎敗則耳輪枯黑廣鑒集　其運左七年右七年從男左女右而行耳不論大小要輪廓分明喜白過面對面不見輪厚廓堅紅潤姿色內有長毫鼠門寬大高眉一寸及水土金牛員棋貼腦耳六者此皆採聽官成也設或木火鼠猪四耳輪飛廓反及低小軟弱者此採聽官不成也不利少年損六親神相全編若欲細明另詳于左

耳生貫腦而通心胸為心之司腎之候也腎旺清聰腎虛昏濁所以聲舉性行也神相全編厚而堅聳而長者主壽及祿兩耳垂肩者主貴四寸貴壽蜀劉先主自能顧耳宋太祖口方耳大　高眉一寸主不貧萬金相法耳能齊日角大貴宋齊丘　又主壽才智過人許負耳高過眉謂之君上臣下主聰明富貴少病長壽郭林宗　貼肉者主富足神相全編對面不見耳問是誰家子大清神鑑　貼肉垂珠紅潤財祿亨通神相全編　厚大垂肩極貴夭年過八十方終廣鑒集　色鮮瑩白歐陽修天下名聲神異經　耳白如霜張齊

賢忠正立朝（水鏡集）白如面及棋子者主名叛（神相全編）老來耳白主子貴耳若無邊到有八旬之壽子勝孫榮上有邊者亦為反（柳莊相法）輪廓分明垂珠朝口者主財壽（萬金相法）輪廓桃花性最玲瓏（神相全編）輪上黑子主聰明大痣在耳內主長壽（萬金相法）入黑子生貴子（神相全編）耳根黑子客死他鄉（神異賦）大紅潤主官白主名望明潤主名遠赤黑主貧賤蹇粗焦黑主貧愚（神相全編）耳門如墨二十之客（大清神鑒）門潤主智達內生毛主壽無災事（神相全編）耳為六堂昏暗者亦難決其登第（水鏡集）薄向前主賣盡田園（神相全編）薄如紙主貧苦（大統賦）女剋夫（神相全編）耳薄無根者夭（同上）女耳無稜額削骨粗者多主為妾（柳莊相）鼠耳主貧夭（神相全編）反偏主無屋（水鏡集）耳反主祖業難招（五總龜）箭羽主貧賤尖小主孫窮（神相全編）上尖多殺下尖不良（麻衣相）左耳缺先損父右耳缺先損母（水鏡集）左右廢缺雙親並損及主離祖（萬金相法）兩耳大小主迍害（神相全編）耳大小主外家養大之人（柳莊相）耳低于眉謂之偏（耳名）堂降地主破祖弟兄少自不利（水鏡集）命門（耳孔也）窄鉞愚頑而夭（神相全編）又主家無一金（洞中經）耳內青忌血疾（柳莊相）皮粗青黑而乾主走他鄉（郭林宗）又主賢

衰不久（廣鑑集）耳前命門火厄作事有始無終（萬金相法）輪為城內為廓城兜廓吉
廓兜城凶（大清神鑑）無輪兼反薄一至十五歲妨剋破祖如長大主孤貧夭也（神相
全編）耳輪反露足破田園（羅真人）耳顯三珠左定嗣右定妻一曰白珠耳尖上貴
陰亦同二絲紅珠右耳中生一珠一子二珠五子陰亦同其珠如栗米大圓
者應如綠豆大圓者少應氣色瑩白紅潤者貴而吉黃者病青者腎衰黑燥
者腎喪忽輪上紅色如火炎者七日內防口舌破財或暴焦色慘青色其壽
不永也（萬金相法）再考五行輪耳金形取瑩白端方木形取瘦長堅直水形取圓
滿貼肉火形取尖長高露土形取厚大珠垂皆為合格其中又有生剋之理
如木形火耳為木火通明之象主早發官星金形火耳主早年刑傷金形水
耳為金水相生主大財名聲火形水耳為水剋火主貧夭土形木耳為息氣
主幼歲迍邅水形耳反為江水泛濫多刑多敗（水鏡集）然賤人有貴耳而貴人
竟有無貴耳（麻衣相）只因耳為孩運不足為憑也（水鏡集）

◎◎眉　印堂

眉主蚤成鬚乃晚就水鏡集 肝血虧者眉先白入運自二十六至三十五歲喜清高秀細彎長更宜濃細過目尾拂天倉不散主有伎量早年富貴細緊有彩層層伏起主聰明機巧福壽父子皆貴老年眉聳此保壽官成也若粗濃黃淡薄散亂低壓逆豎短硬濃如潑墨散落踈秃老主刑傷破敗此保壽官不成也神相全編

夫眉者媚也為兩目之華蓋一面之儀表且謂目之英華故可分賢愚之別也水鏡集 眉欲踈而秀平而濶直而長主聰明高居額上主大貴過目主大富有彩者賢鬢毫白者超羣神相全編 快樂無窮只因眉生額角多愁常慮皆為眉蹙印堂水鏡集 清秀灣如月樣可許運中折桂廣鑒集 印堂雙分入鬢交時卿相何疑神相全編○朝中無交眉宰相○廣鑒集 眉心有赤脈女主貴男主富柳莊相 十字高品眉間印堂紋如十字 天文大亨紋如天字○大統賦 如元字紋者亦然神相全編 作坤字者祿二千石大統賦 成土字者將百萬兵同上 或如魚鳥紋形者主大將人象大成 若印堂中紋如水鳥者主紆朱曳紫之官人倫大統賦 倘紋如玉田字者主列士分茅之貴同上 眉濃稠密

為虎眉主一生少快至運淹滯萬金相法粗而濃逆而亂短而蹙者主性多凶頑短不覆眼者主孤貧神相全編短不及目者貧賤人倫大統賦一主難為兄弟即有終不靠也廣鑑集二十六至二十九不利眉眼相連不斷二十七八九亦不利運至災厄同上壓者主窮苦愁者孤粗者愚斜而卓者性豪神相全編眉卓如刀陣亡兵死神異賦中心直斷惠性少兩頭高仰壯氣橫張行簡頭起尾低者性懦眉垂多為僧道神相全編眉垂耳低主偏生庶出相連低陷主運至災厄眉尾開花主運不通及蹇滯柳莊相眉頭有旋紋者主爭鬪然有左旋紋損父右旋文損母橫直者左剋子右損妻二十八至三十歲大不利神相全編直者刑妻又剋兒金鎖賦一主橫夭人倫大統賦豎毛主好鬪貧殺廣鑑集逆毛主剋妻女主妨夫神相全編曲毛生毫朝上主剋子剋妻柳莊相眉散鬚禿老見孤單神相全編尾散者資財難聚頭交者身命早傾人倫大統賦一主貧賤剋弟兄或不得兄弟力神相全編命宮交鎖難保壽通仙錄後曲主兒孫淫又灣曲主淫神相全編曲者多學又聰明金鎖賦缺者奸如無者多狡佞麻衣髯厚無眉顴高無眉鬚濃無眉面大無眉鼻高無眉五者皆孤霜之相也主一生多成多敗水鏡眉

間上下生白泡主招花酒亡身柳莊相中有黑子主聰明而賢然左尾痣主奸
賊黑子眉中生初主水厄神相全編又主陰人口舌柳莊相如眉頭生主性剛眉上
生聳眉稜骨高露主粗鹵惡災知進而不知退自强自勝作事不應神相全編狠
愎者低凹眉骨狂猾者陡高眉稜脹簡行兩樣眉毛定須異母柳莊左眉高右眉
低父在母先歸右眉上左眉下父亡母再嫁神相全編眉細主得陰人財帛眉輕
口潤常招水驚眉生毛主外家養大之人柳莊相晚年毛長者主壽眉中忽然
生毫長二十生三十死四十生主壽若四十之上忽生一毫者亦主三年內
遇貴萬金相法眉與目同等兄弟一二眉長過目兄弟五六眉如掃箒兄弟八九
短不及目即有非同胞同上眉後一旋主兄弟二二旋主二三三旋主四五濃
潤無跡六七旋螺必執旗鎗眉上氣色忽後白者主哭服忽然紅者主三日
七日有口舌官訟黃明入華蓋日近遠喜信入宅又主出入吉神相全編再辯眉
之有彩然平等富貴不能有也如堯眉有八彩中峰大師眉有五彩古老眉
有伏彩東方曼倩眉有紫彩故論眉之有彩者相中難得僧道得之必為祖

師業儒得之居宮極品庸人得之必享子孫榮祿眉若有彩便是耳目鼻口露而諸部不稱亦可鎮定一生之凶危矣眉之彩毫頭不粗細緊不散非紫即綠令有一種可愛之處其色紺翠而濃中細發層層起伏而媚秀也如再加唇如丹砂目如曉星主官居極品老年更見榮華也 陳希夷

〔印堂〕者一面之明堂也上應福堂武庫邊地之祿位下拱金馬玉堂顴耀之台星故印堂潤天庭廣日月角開眉目得其舒展兩顴得其有印天庭高爽印堂平潤土星直貫天中蘭廷準頭朝拱可掌八方之印綬印堂傾陷額角尖塌眉頭交鎖腮短少鬚定主多業多敗常慮常憂印堂傾而山根斷魚尾低而倉庫陷妻子難為印堂寬廣兩目秀長定應功名顯達印潤顴開呼聚喝散之顯柄伏犀骨貫入印堂鼎甲傳臚之士懸針紋川山破嶺遭刑犯濫之徒天庭壁牆皆方印堂圓滿主早有騰昇印堂大忌紋沖痣破主一生破敗刑傷印堂又為紫氣星一身氣之聚處福堂印堂準頭三光氣運明亮定主名利兩通故吉凶未至其氣先從此地而發此地而退也 水鏡集

目　顴

目為肝竅（瞳神屬腎 白屬肺） 肝得血而能視肝絶則戴眼魚目（死期甚速時那亦有可生者）○（豎書）兩目共管六年三十五至四十歲眼要黑白分明如鳳象獅麟虎龍猴鶴眼八者皆有真光而神藏不露黑如漆白如玉波長射目城露神藏主有大顯功名此監察官成也又有牛眼多壽孔雀鴛鴦亦可主富若蛇蜂羊鼠魚馬鷄猪火輪四白等眼赤白紗侵瞳圓黑白混雜兼神光太露昏昧不清主愚頑凶敗之相此監察官不成也（水鏡集）

天地之大託日月為明一身之榮託兩目為光日月能照萬物兩目能知萬情左為日父象也右為月母象也（神相全編）眼喜長而深光而潤主貴（麻衣相） 黑白分明睛光朗照為星辰俱順主大富貴（水鏡集） 含藏神灼然有光者主富貴（麻衣） 秀長主近帝細深長主壽羔性隱僻黑如漆能文（神相全編）眼中有痣主聰明目有重瞳有帝王之象（水鏡）神定神全主高官眼長一寸主封侯伯眼下卧蠶主子貴（神相全編）睛如點漆三十後五年可貴（廣鑒集） 目如曉星四海皆聞（水鏡集） 清淨

光明為福壽上視瞻平正為人剛介平心（神異賦）大而凸圓而怒主促壽（麻衣相）眼不轉睛及上下左右視者主做賊（柳莊相）圓小短深其相不善凸暴流視者主淫盜眂然偏視者邪赤縷貫睛者惡赤痕侵睛防官事目赤瞳黃少六親而又主夭亡或病剋妻浮而露睛者夭短小主愚賤卓起主性急偷視主淫蕩（俱神相全編）黃潤定至于黃髮（黃潤者子可至黃髮之壽）白乾終至于白丁（眼若白乾不潤終至白衣之丁）神陷主壽短睛凸主極刑（俱人倫大統賦）眼大露光犯刑死眼大多招陰人口舌男女睛黃多燥急再露犯刑眼大小主懼內（俱柳莊相）左小主長男兼怕婦（麻衣）右小女怕夫（水鏡）目紅語結好色無窮眼邊生泡主子女多淫忽然眼垂下視主死（柳莊）目尾相垂夫妻離目頭破缺主破家目露四白主陣滅黑少白多主奔波上白多必奸下白多必刑偷觀知淺多疑三角深藏毒害（俱神相全編）女子三角剋夫如劍（大統賦）眼光如水男女多淫眼不哭而淚汪汪心不愁而眉縮縮早無刑剋老見孤單（神異賦）轉動不定心有疑慮兩眼浮光雙輪噴火凶惡盜奸之輩下視者心有感思上視者勿與交游眼上視其心為高目如卧弓作事奸雄目善必慈眼豎性剛（俱神

相全編眼突主災迍眼露心亦露眼大不浮露多攻藝業月波洞中經昏暗流露主貧夭水鏡斜視必妬神相全編一主慳吝而曰腹不應上同斜盻者人遭其毒或兵死癡視者自尅其刑人倫大統賦子孫宮宜豐滿在兩眼之間麻衣婦人貌重必黑白分明目深尅夫少子力兼塵濛貧死他鄉眼中黑子女多奸黑子生在眼泡上主竊眼下者妨害三陰三陽忽然生黑氣深者二五日淺者二七日主家宅不甯女是非紅主火災眼下青口舌赤官災黑破耗黃明吉陰人目下青主喪夫赤主產厄眼尾色瑩白光潤主夫增財祿神相全編更有睡眼神濁而如睡驚眼神怯而如驚皆主夭壽醉眼神昏而不醒須防服毒病眼神昏而如疾壽已近期皆圓者其機深于城域堂露者乃子是乎螟蛉人之神在目夜則神寤于心晝則神遊于目欲察神氣虛實心術美惡必當先視其目故視其外皆則知其內人倫大統賦所以眼明則神清眼昏則神濁清則貴濁則賤人有一分神一分衣祿十分神十分衣祿無神者不貧則夭眼有瞟視亦有近視二者有聰明而貴有凶惡而賤先取神次取形可辯其貴賤矣水鏡集辯眼神有七

法如藏不晦安不愚發不露清不枯和不弱怒不爭剛不孤者真大人之相也倘藏而晦安而愚發而露清而枯和而弱怒而爭剛而孤者是小人之相也同上所以貴人有貴眼而賤人無貴眼也書云要知心裏事但看眼神清眼乃心之門戶觀其眼之善惡可知心事之好歹其心正則眸子瞭焉其心不正則眸子眊焉神相全編此外又有目如鸞鳳必定高官同上龍目鳳睛三台位列人倫大統賦如鯽魚者家肥神相全編睛如魚目速死之期神異賦羊眼主孫狼神相全編一主招禍人倫大統賦犬眼荒淫同上鵝鴨之眼不善終同上然鷙眼一主福壽神相全編雞蛇鼠三目主盜竊貪淫月波洞中經一主賤人倫大統賦猴目主賤四者倘像不形者為吉同上然猴目又主富貴神相全編豕視心圓而無定狼顧性狼而難明人倫大統賦龜眼牛眼多福壽象眼鶴眼主富貴神相全編

顴者權也印者印也顴高印滿必有呼聚喝散之威低陷無勢當權反覆顴有關鎖自能起家若低尖無關不鎖衣食缺破雙顴插天兩目有威方有威權萬人皈依顴高鼻聳地角朝中年享用到老顴高顴削作事難明晚歲伶

仃狗顴無面中年敗業有面無顴為人少力顴起鼻高頤又豐晚歲更多錢益顴高鬢疎老見孤單顴高插天目長印滿面起重城貴享八方之拱顴高勢强若目大睛渾印陷眉低以為文星失陷印綬無根但得貴人之權力非貴器也顴高鼻陷多成多敗鼻高顴拱主多幫助鬚清鬢秀必得賢人之力水鏡集 左顴青出父先死不死不刑便自傷銀匙歌 女子顴高必奪夫權顴高如峯破殺三夫紫氣侵顴主大吉黃氣插鬢功名至青氣侵顴兄弟口舌白氣繞顴兄弟防厄水鏡集

◎◎鼻 人中 法令

鼻為肺竅肺有邪則鼻塞肺氣絕則鼻搧鼻煤在時症中亦有可生屬者不可執一〇醫經

土為土星乃三才之總路水鏡 鼻管十年自印堂三十六至右庫四十五歲鼻取梁準豐隆聳直有肉伏犀龍虎獅牛胡羊截筒盛囊懸膽端正不歪偏不粗小上下兩邊朝拱為審辯官成也若狗鼻鯽魚鷹嘴劍峰反吟三曲三灣露孔仰灶扁弱露脊露骨太高孤峯太大空浮主貧苦

無成奸貪刑惡準紅準黑定主敗家此審辯官不成也（神相全編）

鼻乃一面之主為五嶽中之中嶽四瀆中之濟瀆五星中之財星為中央戊己土又為肺之靈苗也上為山根中為年壽下為準頭蘭廷相輔論山根者山也山不厭高土星者土也土不厭厚（水鏡集）年上壽上在鼻中主壽之長短（神相全編）光潤豐起者不貴即富（大清神鑒）高隆有梁者主貴（廣鑒集）一主壽（神相全編）豎有骨者主壽（同上）懸胆主貴（心鏡經）鼻如懸膽平生足祿足財（大九真人書）如懸膽而直截筒者富貴（神相全編）如懸膽而有骨法者貴作朝郎無骨法者富有千金（同上）懸胆主六六至五九大發財祿（大統賦）柱直年豐肉厚接連東西二嶽準圓庫起主家宅廣人口多三十六至五十九大妙（萬金相法）梁圓貫印堂者主美妻（神相全編）伏犀貫頂為大資（麻衣相）獅子鼻聰明縮囊鼻老吉眉接鼻梁早年發達晚歲加封廣相主伎倆（神相全編）準頭圓滿相應東西兩嶽相輔為三星聚位主有財祿準頭肉堅定主興家立業（同上）準頭豐大心無毒（神異賦）圓肥主俱足準頭光潤主事順（神相全編）準頭南方不忌偏惟忌曲圓南方無正土北方忌偏偏左外

家破偏右老來窮柳莊相準頭尖曲主好奸準頭掀露老見孤單神相全編準頭垂肉主貪淫麻衣相鼻柱左為左庫右為右庫取高長端正孔竅即庫之門户取豐厚收藏皆主財帛有積竅小庫齊好聚不捨户寬反仰無積反拖萬金相法準頭要圓孔宜不露又得蘭臺廷尉相應主富又主得美貌之妻神機庫忌低陷曲塌户嫌掀露薄尖神相全編井竈薄而能動一生休望聚財乃敗家子也柳莊相鼻孔外仰成惡敗照膽經鼻孔黑暗幹事難成柳莊竅小慳貪左右胞謂之仙庫鷹嘴主心毒神相全編一主喫人心髓呂純陽又主好成要敗四十五破財月波洞中經鼻孔一二毫長者為長鎗多者為餘糧寧教倉庫有餘糧莫使井竈有長鎗柳莊相準頭缺陷人事不和四十三多是非口舌左庫缺陷財物消散四十五破財右庫缺凹横紋極多四十五破財萬金相法鼻頭缺破孤獨饑餓麻衣年壽有一陷一缺或一紋一痕主成敗一次有二紋成敗二次柳莊相鼻起節主破家死在外鄉同上鼻露見梁客死他鄉麻衣四嶽低鼻梁高名曰孤峯獨聳主六親無靠財。散同上偏斜孤滯曲者孤貧神相全編三曲者孤破三凹者無親同上鼻偏左祖去同上父亡（萬金相法）偏右傷母（同上）鼻梁無骨必夭（神相全編）山根低陷先敗祖業後更貧窮（萬金相法）梁柱不全反主夭（水鏡）梁柱不直中年遭厄（萬金相法）短促切莫求官（許負）短小蹋促主貧賤（大統賦）短尖主無智而苦（神相全編）伏犀骨起若無臘眼睛昏濁者孤夭之相梁直蘭廷正主忠治家有方有黑子主迍滯橫紋主車馬傷縱理紋養他人子（俱同上）準頭黑蘭廷黯慘旬日身亡（海底眼）準頭黃紅主生財祿紅又主走東奔西黃明者喜到黑大病黑如濕灰敗家喪命赤破耗白破毒色黑肉薄非賤即夭年壽上縱橫紋理家破苦窮忙女不配取山根更折田園不（三十七至四十同兼獻眼防病死）守妻子先亡山根黑子妨妻害子在鼻側大凶印堂中圓黑者貴吉印堂山根氣色明者吉暗者滯（神相全編）年壽（一分一年）黃明主吉（鬼谷子）年壽上有黑子者防兄弟鼻上有黃點如蠟者主作藏或有意外橫財如光放開四佈主已得年壽上黑者病赤者官災青紅主耗破自主哭（神相全編）

人中長短斷壽廣狹斷子（水鏡集）所以為壽命男女之宮也（神相全編）欲長直垂而外潤兼全者善相也（麻衣相）其細狹則衣食逼迫平滿則迍邅多災上狹下廣

子孫多上廣下狹兒息少水鏡上下俱狹而中心潤者主子息疾苦同上而難成神相全編上下直深者子孫滿堂上黑子多子下黑子多女同上中有黑子婚妻易而養兒難留兩黑子主雙生橫理主至老無兒豎理者養他人子縱理者生兒宿疾麻衣縱紋一線多損兒郎細如懸鍼絕子老貧水鏡直而深主多子平而淺主不生深長主富壽淺短主妖神相全編緣何壽命不長人中短促太九真人書一云子孫不足許負屈曲主無信蹇縮主夭賤水鏡廣潤主淫少壽偏左生男右主女神相全編斜左損父斜右損母麻衣如破竹仰者家有貂裘之貴更若瓜稜之樣老見鰥寡孤獨之貧水鏡集

〔法令〕者主號令之端肅上能連接八部三台之拱應下能帶令地閣仙庫之歸朝蘭廷分明清楚為貫兩旁為根基長而至地閣者為壽帶短而入口者為螣蛇白閣道者曰法令現在金縷獨鎮江山螣蛇侵于水道餓死臺城財食艱難只因漏糟侵破閣喜不喜定然印綬模糊豐衣足食只為紋理圓長缺柴少米皆因瀍令冲破蘭廷帶令地閣朝天壽屋永現于南箕井竈空露

缺柴乏食于暮年蘭廷虛腫為奴為隸法令紫色喜兼勅命法令青黑災病來侵酒舍橫紋絕斷因酒亡身水鏡集法令紋深好殺騰蛇不侵水道紋內紅紫主福壽青黑主災柳莊相

◎口 唇齒舌

口為脾竅舌乃心苗脾和則五味知脾絕則口開醫書口管十五年為末主五十六至六十四歲神相全編要口唇紅齒白兩唇齊豐人中深長仰月灣弓四字口方牛龍虎口唇不反昂掀尖安藏外輔聲音內應此出納官成也或猪狗羊口覆船鮎魚鯽魚鼠食羊餐唇短齒露唇黑唇皺上唇薄下唇反鬚黃焦枯且蜀多事多非此出納官不成也水鏡集

口為大海容納百川上通五嶽下通周體百谷以接萬物飲食之具而通五臟造化之闕禍福之柄賞罰之所出是非之所會也水鏡集故端正不妄言謂之口德誹謗多言謂之口賊五總龜口取厚而寬唇取端而正齒取排而齊故深藏端方潤厚紅潤者為德大者取有收小者取紅方皆為上相水鏡集方闊

有稜者主聲壽麻衣相　口濶唇紅者多貪飲食神相　莊横濶而厚者福壽全編　正
而不偏厚而不薄者非富即貴含丹者亦然同上　如角弓或容拳者官祿五總龜
口如四字者主富水鏡　五十六歲入運云貧女　口無稜角者說是說非太九真人書　口
寬舌大富足田糧口不見唇威鎮三軍其或濶而不正大而不收黑而不紅
尖而不藏偏斜小薄而下垂者貧窮凶夭之相也俱水鏡集　尖反偏薄或如一撮
及無人自語者俱主寒賤麻衣相　青黑者亦然口寬舌薄心好歌樂不言自動
及馬口或縱紋入口者俱主饑餓口角下垂主饑餓鼠口主謗毀嫉妬俱神相全
編　口如吹火家貧賤玉管訣　一主孤廣鑑集　猴口吹火聚注主無子羊口飲水聚
注主孤寒好歌鵲口縮囊聚注主孤寒通神眼相　鬼縱然有子必主別房神相全編　口
闊不正主虛詐口小短主貧口小舌大貧夭右畔監門田產破左偏乃主孀
死逃同上　口唇左損貪而奸詐五總龜　口開齒露主夭聽中口開亦然神相全編　口水
為夜漕漕老人吉少年嫌三十有二年死四十有三年死五十有五年亡六
十有六年亡柳莊相　口中黑子食嗽皆美水鏡集　口有黑子主酒食女主淫無媒

自嫁紫黑多滯邊紫心毒食噎平生蹇滯神相全編
唇為君齒為臣水鏡集唇為口舌之城廓而城廓欲厚厚則不陷舌乃唇口之
鋒刄而鋒刄欲利利則不遮此乃善相也麻衣相然再須分察以辯富貴貧賤
如色欲紅音欲清德欲方唇欲厚神相全編上唇名金覆下唇名金載上下紋理
多者為人寬和子貴孫賢萬金相法上下相當為人寬厚唇合不正言詞無信神相
全編上下俱厚忠信能文上下俱薄妄言而劣水鏡集上唇長先妨父麻衣上唇厚
主夭神相全編上唇長而厚主命長下唇長先妨母下唇薄主貪食下唇長而薄
亦主貪食水鏡集下唇過上貧苦上唇蓋下孤苦西岳先生上薄語詐下薄貧滯上
下不相覆主貧寒麻衣唇短齒長者有壽唇長齒短者不夭水鏡缺陷者下賤麻衣
不起者饑餓尖撮者窮死墜下者孤寒水鏡薄弱者貧賤神相全編口唇番蹇曰唇
掀主孤剋通神鬼眼相唇不蓋齒無事招嫌神異賦尖齙似鳥喙者多非厚以劍鐔
者重義水鏡蹇縮主夭亡老來唇紫主子貴神相全編唇上黑子主酒食五總龜唇內
亦然神相全編生於口角者災滯五總龜又云末主水災神相全編生於壽帶主餓死五總

𦀚紋理者壽帶入口主餓死（神相全編）唇不着齒善謂金鼎之蓋（巖道人）唇薄而動不聚財多奸無信之輩（柳莊相）綻血無紋為人自滿不謙紋理如花富貴榮華之容上下紋交生兒無比（水鏡集）有紋有子無紋無郎（鬼眼先生）口唇皮縐一世孤單（通仙錄）齒白唇紅多才多藝（郭林宗）笑則唇揭露牙貧焉可見（神眼經）未語將唇先起邪奸在心（神相全編）氣色紅潤者貴唇色紅杏不求自榮（同上）唇如鷄肝久病少痊（水鏡集）光紫快樂（麻衣）可貴千里之爵祿（神相全編）紅黃招貴子（麻衣）淡紅而鮮者招美妻（水鏡）白艷者招貴妻（麻衣）唇青主老來饑餓（柳莊）青黑主饑死昏黑主心死淡黑主心毒黑主賤（水鏡）青白主心毒青主災夭黃主病（同上）惟繞口黃明者吉（神相全編）凡氣色好如唇白者亦屬不佳（柳莊相）

齒者構百骨之精華作一口之鋒及運化萬物以頤六腑者齒也（神相全編）為骨之餘血壯則齒堅血衰則齒落（水鏡集）齒取方長潤大排齊堅固者為長壽尖薄踈稀短齙曲漏者為夭年故牙可定壽又定食祿之有無其有大而密齊而整長而潤白而紅黑而明堅而固者富貴福壽之人也如大而漏小而尖

斜而踈短而薄齙而缺者貧窮凶夭之輩也（上同）然門牙喜白淨色瑩忌焦黃枯缺（麻衣相）漏出暴亡踈漏貧賤繞亂疊生者狡橫（神相全編）壯而齒落者短促（麻衣）老而生齒者主壽剋子（柳莊）齒如參差主欺詐上濶下尖性粗而食肉上尖下濶性鄙而食菜白玉高貴榮白稱心爛銀富貴榴子福祿如劍鋒貴壽如粳米年高（神相全編）語不見齒者貴（麻衣）齒長一寸者極貴踈漏焦黃者學業難成（水鏡集）白如枯骨者終身勞苦（神相全編）包牙者主懼內妻病少年不穩（柳莊）龍齒子貴牛齒自榮羊齒子顯鼠齒貧夭（神相全編）一主尅子尅妻一生貧賤（袁柳莊）凡齒具四十而白淨齊密根復深固者主佛祖賢聖之尊（水鏡）三十八主王侯三十六主卿相三十四主朝郎或巨富三十二中人福祿三十平常如白淨色瑩者亦貴二十八主貧窮若白淨瑩潔者亦有富二十四主無福鬼胎也（神相全編）

舌欲端而利長而大（神相全編）如方長端正鮮紅鋒尖紋秀者主富貴紅而方長咳唾成玉紅小而長主聰明多志紅紋秀如錦主出入朝貴舌利鋒尖貴享

萬祿舌長至準目若含真定主王侯宰相舌長至鼻準如吐舌及鼻鼻直圓正主貴倘準圓梁廣口若尖薄垂下法令兩帶破腮漏槽反主財散也更有準空山斷為土剋水交運至此必破家敗業舌理三川紋萬傾之田舌理紋繞如花多子多榮（俱水鏡集）又主資豔吐滿口者至富直理者官至卿監縱紋者職任舘殿珠紅者貴剛如掌主卿相赤血主祿（神相全編）如紅蓮者富善如青蓮者貴賢黑痣者天祿（水鏡）又黑子者語虛（麻衣）黑壓者多凶粟粒者榮遷黑翳者賤（水鏡）如濕灰者凶（神相全編）短大主愚憐舌小短主苦貧（水鏡）禿短主迍蹇大薄主妄謬尖小主人貪狹而長者非詐即賊（麻衣）舌小窄方法主公王（神相全編）白而黑者定為執鞭之輩如蛇出者毒害舌斷主蹇滯舌小口大語言輕快舌大口小事不能了（水鏡集）未語而舌先至者好妄談（麻衣）未語而舌舔唇者多淫逸（水鏡）有話欲言而言不足乃有頭無尾疾言而口常撮聚必破產飄蓬無疾常吐而吐不收主先富後貧（動靜論）舌下橫生一梗主老運無糧也（柳莊相）

高味卿曰已上五官五大（篇）後兼載小種幾篇可謂詳且備矣其富貴貧賤

壽夭不等凡人有富貴壽諸相全者不足喜宜脩心為善則錦上添花更無不及之慮矣若人有貧賤夭等相不必憂宜諸惡莫作衆善奉行必能轉禍為福也人心不一設不能照此二句行事宜看信心錄丹桂集敬竈全書勸看善書文等書則無有不改者也

●流年行運　圖在後

一二歲天輪（左耳）三四歲天城五六七天廓八九歲天輪（右耳）十十一人輪十二三四地輪十五火星十六天中十七日角十八月角十九天庭二十二十一輔角二十三司空二十三四邊城二十五中正二十六丘陵二十七塚墓二十八印堂二十九三十山根三十一三十二凌雲三十三繁霞三十四彩霞三十五太陽三十六太陰三十七中陽三十八中陰三十九少陽四十少陰四十一山根四十二精舍四十三光熙四十四年上四十五壽上四十六七兩顴四十八準頭四十九蘭臺五十廷尉五十一人中五十二三仙庫五十四食庫五十五祿倉五十六七法令五十八九虎耳六十水星六十一承漿六十

二三地庫六十四陂池六十五鵞鴨六十六七金縷六十八九歸來七十頌堂七十一地閣七十二三奴僕七十四五腮骨七十六七在子位七十八九在丑八十八十一在寅八十二三在卯八十四五在辰八十六七在巳八十八九在午九十九十一在未九十二三在申九十四五在酉九十六七在戌九十八九在亥百歲週而復始痣紋缺陷須防（神相全編）

運氣口訣

水形一數金四歲土厚惟將四歲推火赴五來求顯遂木形二歲復何疑金水兼之從上下若云水火反求之土自準頭初主限週而復始定安危（神相全編）

識限歌

八歲十八二十八下至山根上至髮有無活計兩頭消三十印堂莫帶殺三二四二五二山根上下準頭止（眼天倉口井）禾倉祿馬要相當不識之人莫亂指左三六三七十三人面排來地閣閒遂一推詳看禍福火星百歲印堂添上下兩截分貴賤倉庫分平定有無（上同）

大運

凡大運自天中至地閣一十二位每位上行七年遇有黑子斑點紋痕皆主災滯若色好平正光潤者乃主吉兆也人象大成

小運

十八歲皆行額上以前至十九歲方交眉二十歲行去初中末上各行三年則二十八歲足二十九歲交眼行九年則三十七歲足三十八歲交鼻行十年蓋面上有四部位則四十九歲足五十歲交人中只行三年五十二歲足五十三歲交口亦行九年六十一歲足餘年皆行地閣每行運至三方上遇紋痕黑點皆主憂滯若色好平正光澤圓淨者則主吉慶也人象大成

流年運氣總圖

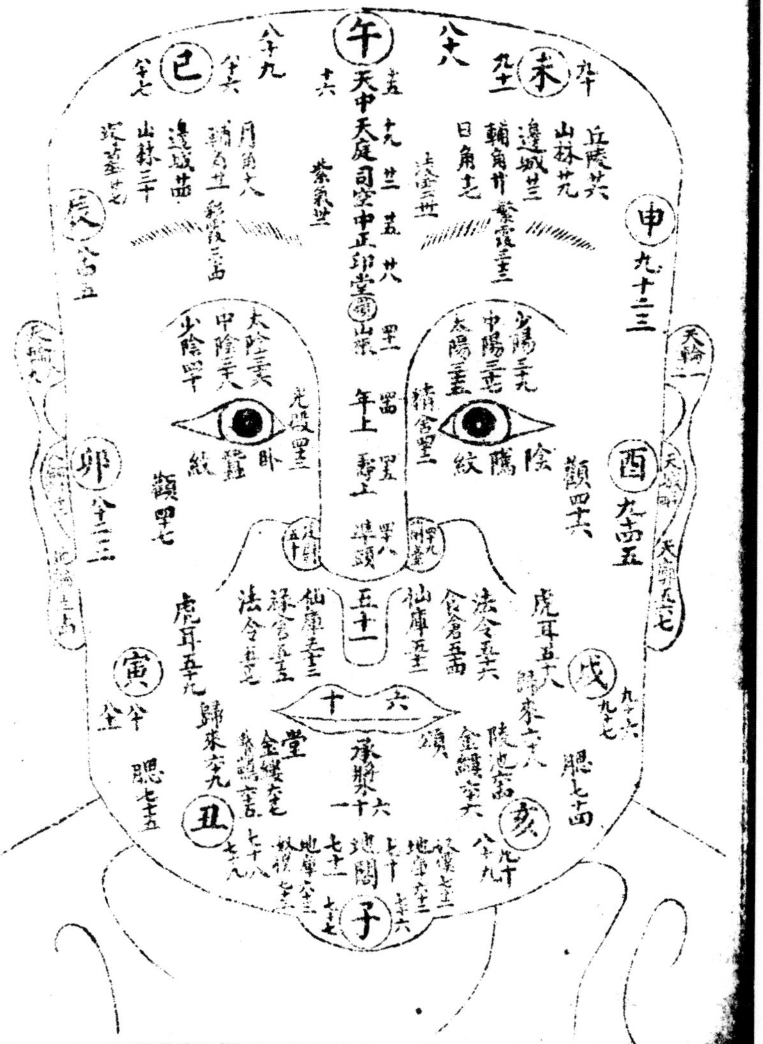
午
未
申
酉
戌
亥
子
丑
寅
卯
辰
巳
天中
天庭
司空
中正
印堂
山根
年上
壽上
準頭
承漿
地閣
紫氣
日角
月角
輔角
邊城
山林
丘陵
太陽
中陽
少陽
太陰
中陰
少陰
仙庫
食倉
祿倉
法令
虎耳
歸來
金縷
腮
天輪
十
六
五十一
九十三

十三部位總圖

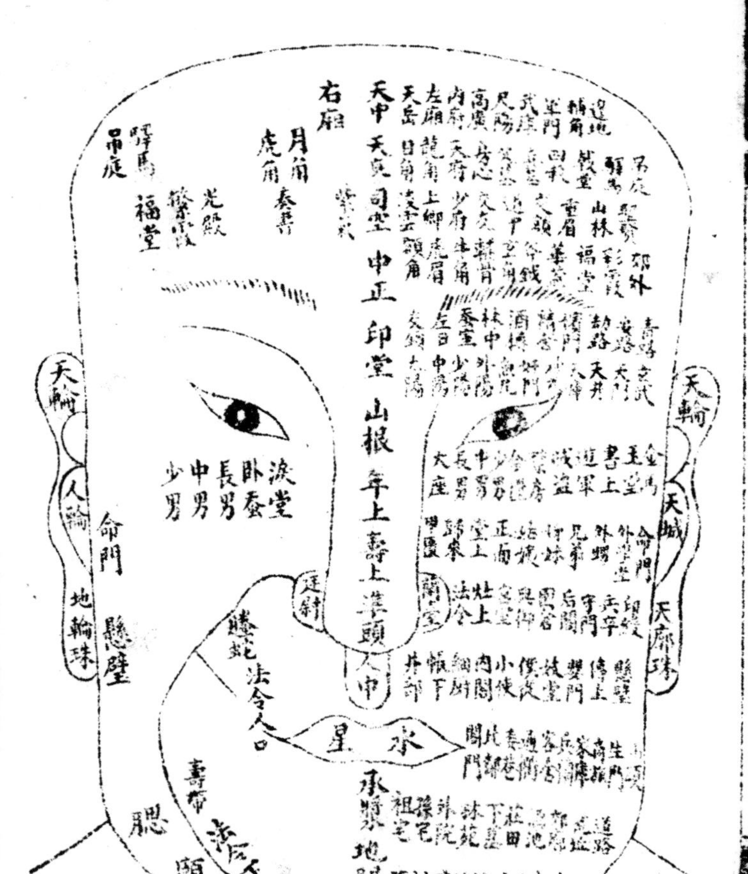

十三部位總圖

三才天干五星三停五官六府十二宮總圖

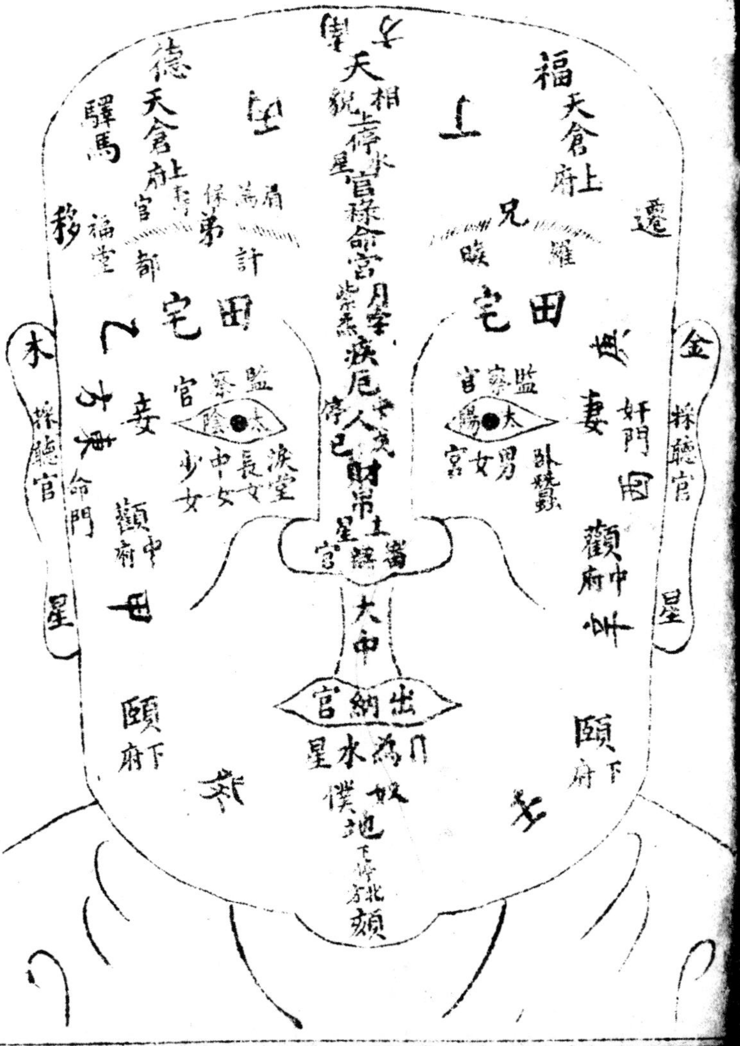

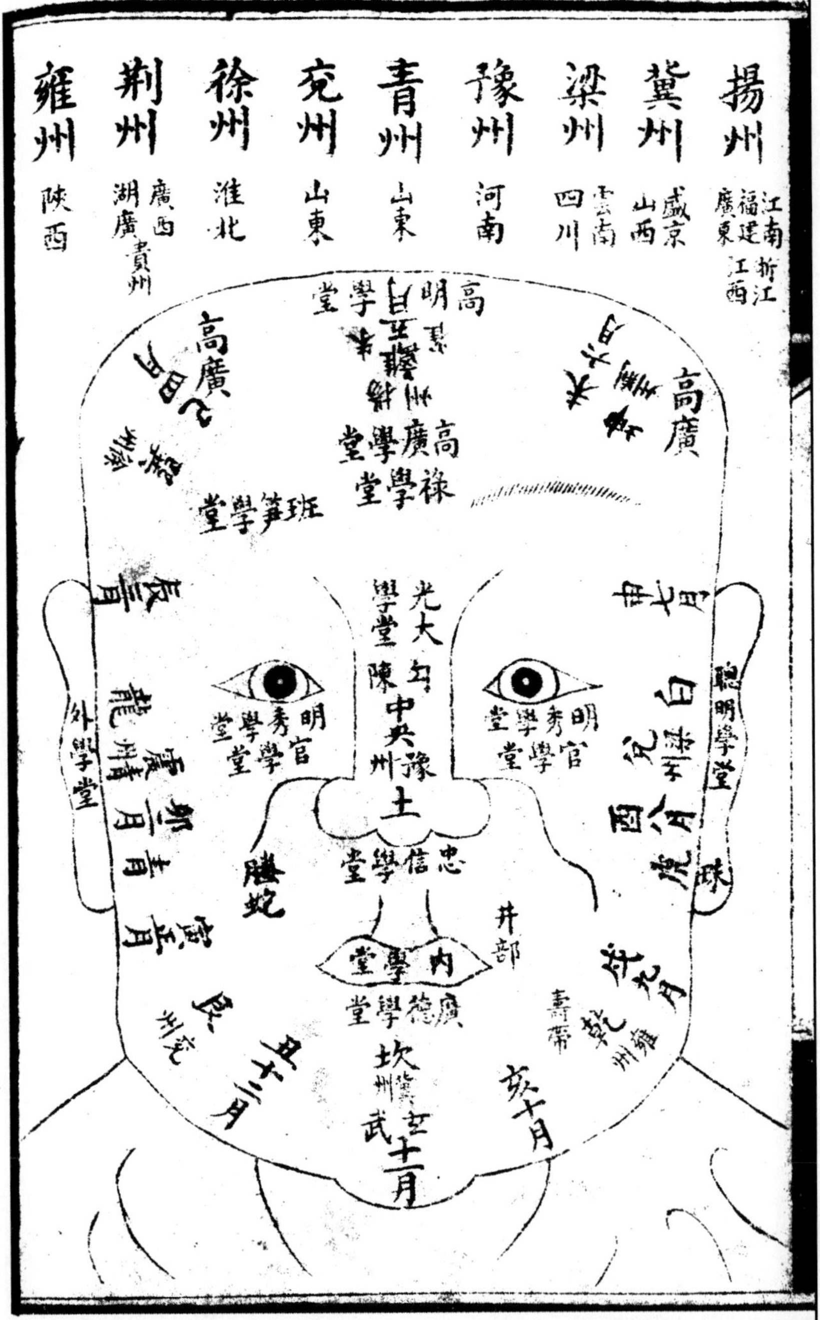
揚州 江南 浙江 福建 江西 廣東
冀州 盛京 山西
梁州 雲南 四川
豫州 河南
青州 山東
兖州 山東
徐州 淮北
荊州 廣西 湖廣 貴州
雍州 陝西
高明學堂
高廣
高廣
高廣學堂
祿學堂
班笋學堂
光大學堂
明秀學堂
官學堂
明秀學堂
官學堂
中央豫州
土
聰明學堂
外學堂
忠信學堂
井部
內學堂
廣德學堂
坎
十一月

十二月氣色部位圖

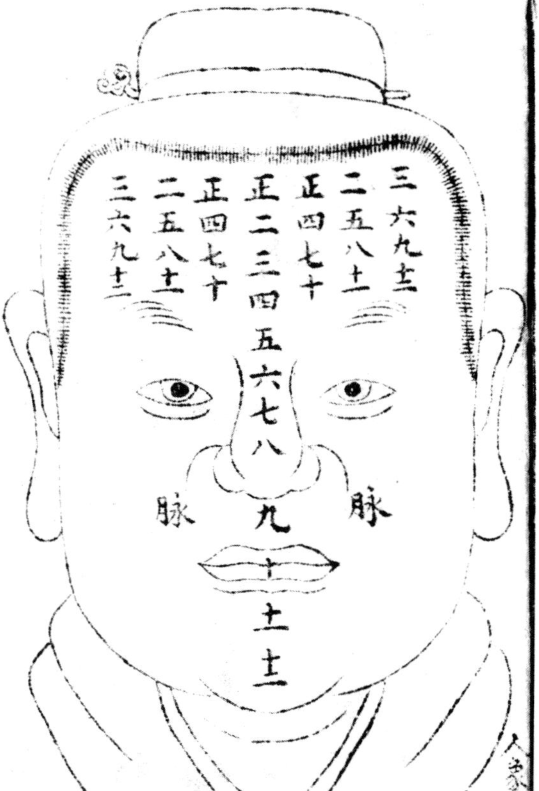

凡時節從天中出下一停四月至眉三停合十二月色看之發向何月相應當停分為十二月季月在兩邊仲月居中孟月亦然居中左右各從此中行三停具矣

卷一終

◎◎神氣色（酒後氣色不壯）

得神者昌失神者亡此總言也（醫經）相神在眼惡則傷和而招禍露則魂遊而夭亡宜望有畏而近則喜此主貴（神相全編）寬可神有餘而形不足不可形有餘而神不足也（同上）神有餘主貴形有餘主富神驚夭神急懼（同上）面之一年氣色有二十四變半月交節一換應在子時接過天之二十四節氣五行配之無有不驗氣色有輕重之分新見于面暮歸臟腑欲知其形狀大如毛髮小如蠶吐之絲長者不過一寸短者似一粟米又如塵末或衰或盛有休有咎但以形部五色參之（凡九品以上者先觀天中天庭司空中正印堂次看山根年壽準頭若人中承漿又其次也）氣在皮裏色在皮外氣色中有霜上雪雪上霜之辨霜上雪如肉黑來追而外黑加膝雪上霜如油垢之氣盈面而外又起一層似雲遇濕之象皆凶兆也形滯相重神滯眉不開氣滯言懶色滯面塵（神相全編）形滯行必重神滯形必開氣滯聲必硬色滯面塵埃

志

照鑑歌神不快滯八年氣滯五年色滯三年且又有金木水火土之滯犯此滯十年之淹蹇過十年後開則退暗則凶矣面白而乾枯無潤為金滯面青而藍晦無光為木滯面黑而煙霧濛濛為水滯面紅而縞裏焦赤為火滯面黃而凝滯如泥為土滯土滯多疾病金滯多貧困木滯多災厄水滯多官非火滯多破敗犯此者諸事不吉安守氣轉色開方亨泰也次又有神氣色三發發富貴也神發發貴氣發發財神氣不發獨色鮮艷易敗也水鏡集氣更有風土之不等浙人氣重而不明閩人氣明而不重南人氣清而不厚北人氣厚而不清○貧女識人論必須細辨蓋天下之地土冷暖之非一而氣色之不同聲音之各有別調也水鏡又云淮人浙人俗于氣淮人氣重而不響浙人氣明而不清北人氣深而無韻貧女識人論是知氣在聲而見于音也水鏡凡觀色看手飲酒不相有早晨相之開掌未可便相少待片時神定色見相之有色無氣為浮光有氣無色為明亮油光而滑艷者為油垢三者皆非氣色神相全編水色重往南火色重往

北青色宜往東白色宜往西赤重千里之外可免黑重自守其災黃色東南得利此出門訣也然須兼看驛馬要黃明袁柳莊相犯色不宜行事赤忌丙丁火日主不利紅忌壬癸水日黑亦忌水日黃忌甲乙木日白忌火日青亦忌甲乙木日同上

相中最難惟神與氣如能辨正決斷即易究其二者之由水為精火為神火心水腎精全而後神生神生而後氣備形備而後色成風鑑歌水是天一生火是地二成精合者然後神從之水鏡集故神能留氣氣不能留神氣能留色色不能留氣神散色亂不足取也神相全編神氣散聚少孤破家氣散神聚作事不定神與氣合主神深遠而清秀者貴癡神人壽不過四十神重肉緊主作事準神重肉慢老來貴面上神光不散似有似無者主公侯夜現神光含真左臂高肉露如玉坐立有體身雖瘦主大貴一品神急氣有餘性能忍事亦屬佳相骨氣清神氣濁者可顯骨氣濁神氣清徒讀詩書神氣骨俱濁下賤之人神氣清主貴太清曰孤孤而露則貧神氣濁亦有貴太濁曰愚濁而暗則

賤濁中清主福壽高貴濁中骨堅毛清主聰明易貴元氣足嶽有神此屬真清主貴然清怕寒濁怕實也清者纖瘦神長主貴濁而有神謂之厚厚者多福濁而無神謂之輭輭者必孤不孤則夭同貌古神清多為僧道西岳先生再詳清奇古怪近於寒俗陋薄之類也清相近於寒清而無神謂之寒奇相近於陋奇而無神謂之陋古相近於俗古而無神謂之俗怪相近於濁怪而無神謂之濁一曰清肉白而弱者似乎薄殊不知寒薄中有骨清肉潔之美目光有不動自明之妙耳白如霜紅色貫輪之秀者乃清相非薄相也二曰奇目露眉濃而貌偉者似乎濁殊不知目露中得內光含閃眉雖濃細緊中得伏彩之秀真奇相非濁相也三曰古骨露眉寒者似乎俗殊不知孤露中有肉瑩氣暖之貴齒雖疎黃得濕潤鬚長之堅又得神安氣靜者乃古相非俗相也四曰怪形醜面黑而身粗者似乎濁殊不知醜陋中有眼若龍鱗之威鼻準高露唇紅齒銀氣飽厚而神光深者乃怪相非陋相也水鏡集古而無神謂之露露而無氣謂之孤清而無神謂之寒寒而無氣謂之亡怪而無神謂之

粗粗而無氣謂之枯奇而無神謂之薄薄而無氣謂之弱秀而無神謂之衰衰而無氣謂之虛異而無神謂之醜醜而無氣謂之拙端而無神謂之黯黯而無氣謂之敗楊氏論神氣不可不辨也

〔氣〕乃神之母色之父週流於五臟六腑之間七情七泛而發於表始則為氣定則為色云按經即互參其聲氣如有寬可容物和可接物剛可以制物清可以表物正可以理物不寬則隘不和則戾不剛不懦不清則濁不正則偏視其氣之深淺察其色之躁靜量然後者始得而進退矣水鏡集考醫經以一呼一吸為一息晝夜計一萬三千五百息今觀人呼吸有疾遲者然亦關乎相也如古之人言猶未盡理氣長而舒者福壽氣和而靜者慈善氣出入無聲卧而不喘為之龜息主富已詳于卧中矣今之人多氣急而促者夭薄氣暴而躁者凶刑呼吸氣盈而身動近死之兆也至于肉中之氣如煙之發于四肢散如毛髮聚如米豆望之有形接之無迹故山有召則谷響人有實則氣清更推及有肉而無氣者猶如蠹木外雖有而內已空無肉而有氣者猶

如松柏久枯皮膚尚潤根蒂深遠（神相全編）氣柔而散者有祿多難氣衰而神滯者夭氣變而削者夭實者壽而虛者夭（同上）氣質沾戾者多病而天氣清而神短者聰明而天氣昏而神寒者孤貧而天氣亂而神驚者痴疾而夭氣浮而神奔者敗家而天氣暴而神泛者禍侵而天氣執而神戾者無子而天氣橫而神挺者犯刑而夭（水鏡集）辨氣如紫成片主貴庶人難得官員巨富相似紅氣主喜黃氣散青氣如霧紅氣肉裏火氣在皮上主災已上氣須看厚薄即貴人亦有輕重肥瘦粗細清濁等皆要秀媚不在形骨部位推之（神相全編）

夫欲觀其相先看其形次認其色頭為一身之主故吉凶氣色先發于面有七種之分曰青黃赤白黑有紅紫寄在其間當在清晨起身之時相定何色若失之毫髮即有差謬色無光不可謂之色蓋無光則虛色矣色光則性靜色暗則情亂如花之易盛易衰雖暫榮而不能經久曰色嫩如松柏枝葉久而清光寒暑不變曰色老如草木一日百變百秀而無定曰色雜（神相全編）色暗如淡雲蔽日色光如秋月連天色快如長流之水色滯如污地之水（同上）色之

生者青如翠羽黃如蟹膏赤如雞冠白如猪膏黑如重漆色之死者青如靛黃如枳赤如赭白如鹽黑如煤內經滯中有明憂而變喜明中有滯吉而反凶神異賦大抵浮主未來沉主過去浮沉相並去去還來色定為災發深則應近發淺則應遲神相全編氣色現而安靜者應之遲若點點飲動不定者應之速人象大成老年色嫩壽年傾麻衣一主刑妻尅子柳莊相老年色嫩招辛苦少年色嫩不堅牢全編山根色重小民陷獄官防削職破財遠動千里面上忽發凡事不吉百日內是奸刑或無貴而色頓開者亦非祥瑞不可明言先準頭開而後印堂內庫驛馬龍虎角日月角皆開此為相應主吉不必要天庭透足也神相全編凡官員授任食祿看有氣色在何方上發是其遊行之處可以求官遊歷若畀尸紋痕在其方位即不宜行主凶印堂屬離為揚州江南浙江福建江西廣東地閣屬坎為冀州盛京山西太陽屬巽為青州山東太陰屬兌為梁州雲南四川食倉屬乾為雍州陝西外堂屬艮為兗州山東邊地屬坤為荊州湖南廣西驛馬屬震為徐州江北山根戊己為豫州河南此求官之方位也同上青色重往東南反得重利若往西北必有災殃紅色一重必作赤色偏宜往東

北水木旺鄉可反凶為吉若從南方火土旺地災必至矣赤暗色重亦可往北方或遠行方免其災厄凡黃色不拘諸謀為宜在南地或火土旺月方好水旺之方不利故冬季忌黃色生口乃土不宜尅水反吉還凶白色旺在北方死絕在東地不喜東南方只宜西北求謀行動方好此吉凶之方位也袁柳莊相又云水多遭難宜在東方可脫火多金難宜往北地方安水弱土多還可西方助其根本如火來尅金宜往水地金來尅木宜往南方一面木色宜行火地一面水色急去東方大概氣開色潤可求謀行動色閉氣昏宜守發在某宮定在某月現在某位某事可知知者預防一半堅守可免凶危同上色雖已詳再考分辨如動色者論神論氣可觀面目論色論光可觀準印印堂乃氣色之聚處準頭乃氣色之發處印堂氣色黃明如蠟紫如絳繒內氣深明而外色微暗猶如月晦重明之象宜乎動準頭氣色如新開嫩黃紫彩餤餤有光而發出盈于面耀于目者宜乎動鬚眉有翠綠紺青之光毛髮有離垢精彩之潤求官求祿名利無往而不吉利也守色者○耳目鼻口四瀆似明不明似昏不

昏謂之流散五岳似暗不暗似朦非朦謂之氣滯宜平守暗內淡明一面氣色不開獨發一二潤處宜平守此色主吉凶易進而易退也散色者有色無氣為散滿面光彩一黃黑白花雜不一為散明中閉明暗中開暗亦為散面色淡白無氣亦為散面明耳鼻俱暗眼光黑珠微亮白睛泛泛不定亦為散此數件俱主敗宜安分可免其半名利動則有變聚色者凡氣足色內明為聚色暗而四庫新開微黃紫色亦為聚掌色定面外暗而內瑩明為小聚或紅黃或青黑氣色之上如餤片片翠綠微微鮮紫點點霞青深深淡紅淺淺嫩黃得此艷麗之色為大聚能開諸滯而能退諸凶血氣瑩暖眸光射目白睛貫神而神通五岳氣秀鬚眉便是面色不足而色暗亦為大聚多則半年而興旺少則一季而興家有此聚色愈動愈吉財利達至功名即大成也變色者色暗復變而明徹為變喜明中鬱鬱而復暗為變凶或有氣而無色或有色而無氣乃易變易更也色明而日月昏朦亦易變其凶也色暗而日有守精為有鎮定之光雖大凶不凶也若或而現紅黃或而現青黑一日一變

大不如三四日一變亦不如如紫而變微赤紅而變微黑黃而變微焦皆為變凶有此變亂不定之色雖有十分好色亦不為美如氣色青黑赤暗中若帶微微嫩黃色來便能變吉皆發在上星之上印堂之中五山之頂方為有用唯黃色乃脾之神又為五色所變每季各旺一十八日見之變吉也紫色乃五色中精彩故無論青黃赤白黑中見之有吉而退凶也唯目中之神乃心肝脾肺腎之五氣所生故曰神能留氣也成色者凡功名成事求謀財喜俱宜耳明潤紅鼻準瑩盈方為喜兆如神耳鼻準不明滿面光亮決非喜兆顴準部有此瑩然紫色目神明徹當利見大人如神準色滯雖未見凶亦無吉也害色者年壽赤忌官刑害四庫暗忌途路女人害井竈赤忌破耗之害山林赤忌火光之害印堂青忌牽連之害花離滿面忌出行之害地閣黑忌水厄之害目色或深黃或泛緣必主大害凡遇此色防大人見怪魔鬼暗損宜守可免其小半動則有驚害之患矣利便色者暗中自有溫潤榮暢隱隱而明于內耳準顴印俱瑩掌心氣潤皮血光彩眼內神足貫盈行事俱利其

色雖面薄薄微暗額準顴頦五岳紫氣深明行事利便凡有此色乃無往而不利進退俱吉也蹇滯色者乃下元濁氣皮土不和五臟不潤故爾色滯四庫如泥耳準如煙三陽不開滿面如朦諸事蹇滯一面微明目起障色為陰合而陽散作事蹇滯面黃凝滯如泥為犯土滯面青藍晦無光為犯木滯面紅縞裏焦赤為犯火滯面黑煙霧濛濛為犯水滯面白乾枯無色為犯金滯面光滑灩如油為犯神滯此皆大忌之色少年有此二十年蹇滯老年有此終身無運乃大窮大蹇之色進退皆不利宜作陰隲佛事乃能開發其滯可免滑灩色者氣色各有不同另有一看如油潤在琉璃之上色重如丹青畫雖紅潤亦用硃砂肉氣不應外色不來獨發一滑一灩若調油僈垢之色乃氣色中浮泛而將變之氣故滑灩非是美色若非隸卒即是娼優便有滑爽處亦主破刑受祿去職庶農者受其殃故滑灩一來災不遠矣光浮音與滑灩不同灩另有一說白如粉灼灼滿面故為光浮有此色敗家之子少年有損老年辛勤若重必犯刑名女多且酷難言有子破敗至篤分狼狽富家之

子得此必要貧窮光浮非是美色乃精神浮泛而將變之色乃是禍殃之根有百千之忌無一可取也水鏡集

○○青

青為東方之色五行屬木木天三之數內應肝肝藏魂肝之竅為眼旺于春相于夏囚于秋死于冬春行秋令則傷肝其色榮暢條達如竹柳葉者為正若乾枯凝結明悶不定初年曰犯木主二十四年中年曰木病主六十年末年曰木死應庚辛申酉年旺甲乙寅卯年月日皆同下准此其色初起如銅青之由漸而來草木初生之象欲去之時如碧雲之色霏霏然落散也發主憂百事不成橫主外憂以深淺斷應在亥卯未月青氣應立春後一日雨水後二日驚蟄後三日春分後四日神相全編

青色春令為正太過為災春三月顴青為旺相也然先憂驚而後喜夏月青為木生火太盛主悲憂美惡相半一主父母喜事應在五十一主破財忘身必青中兼滯也秋令為金尅木主財喜相半或進人口冬主破財尅子防有

不測之禍此論四季之青色也神相全編正月氣色看寅宮乃在虎耳歸來法令
酒池上宜青白潤為吉欲成點亦吉如暗滯欠利水鏡集又有正月青為應時
主有喜慶之事人象大成二月看卯宮在命門眼下宜青成片忌點二月為萬物
發生故不宜在內水鏡二月印堂三月山根四月年上壽上有青色者主有災
滯五月色青恐有父母自身之損六月人中七月口有青色者主死或官災
破財又六月青主破財旬日憂妻事至七月青大凶七日至神相全編色青橫於
正面喚作行屍神異賦 天庭青色須防瘟疫麻衣天中青加光澤可免枯憂詔亡天門青三旬
內有財日角青防盜賊日月角有青點者主二十日內憂事龍角青色侵中
正有害己事如有重病方免太陽與日中青色相連防宮災笞鞭太陽青與
妻爭邊地山林青色而黑者主殺馬進入山林青防蛇虎災三陰青色女子
之禍三陽青色男子之缺三陽青三日防亡春令三陽三陰潤而黃光者主
生女印堂青近病破財印堂青訟事五十日應印堂青主病六十日應四季
同印堂青點點者短壽不滿三十山根青色心內多憂須防小人之害三五

日見山根青白主人宅敗又主蹇滯青黃二色近山根主重服病及死山根
青枯燥防遭囚繫山根青黑四九前後定喪災年上青主一年疾弔喪之厄
壽上横見青病鬼壽上青主病又損手足壽上青在秋令主陰司口舌準上
青紫主子旬日災厄無子主水厄水災色從鼻上出者十日內必中毒兩邊
直下主刑獄之厄二年內應青入人中男須敗業正口青色主死在牢獄口
畔青主餓死及淫慾事遶口青青精粹主男女姦偷又主逃妾女尅夫口青
色女多奸男左女右口部青色主百日內災九十日破財青色口邊入來主
饑餓死更兼淫慾事牽連色從口出三日內必中風病患病青遮口角者扁
鵲難醫承漿青色飲酒成病坎宮地閣青作點者主大憂眼下青病不痊眼
下青氣有憂妾子女之憂眼下內色常青主丑年破財眼下內常青主二五
年破財左眼下名淚痕若見青白黑赤者半年內見父母之災次長男中男　吉部使
少男如青赤白黑兼之亦如此斷右眼頭下母姊妹只如前斷有青色在左
魚尾者主道路驚恐如老人防跌右魚尾有主失奴婢魚尾微青奸事敗奸

門連外陽有青白色主奴逃及私奸事奸門青氣主陰人病奸門青慘必主妻災（神異賦）奸門青主外失物青色侵顴兄弟唇舌（同上）耳輪青黑乾枯腰間多病青藍滿面多凶惡及災交友上見青白色主賢豪僕使見主車馬僕從不安司空常有青主餓死后閣後發如錢者三十內大厄賊部主乞食盜門部官員有青色公家文字不了當因差出重難處失職道路守門部青點黯者主口舌舛祖主重病立至在百日內為災天嶽連準頭青潤主獄內死海門上青主落水死墻壁金匱青三旬內防失財物青貫牢獄者冬必病青色垂下至閣門橫過主口舌事色貫盈從左橫過入右耳六十日內大厄從神光垂下如鉤者一月主喪子婦人青發大嶽左頰主短壽無子又主多病女子眼下氣青夫必死凡父母兄弟妻妾男女姊妹伯叔各部上有青色主病在夏季鼻上如指大主水瘌之厄如錢大者主得書信之喜色入神光者百日內主法刑死左右並同或一邊出者災禍不同辨輕重多少而斷也（神相全編）

○○黃

黃為中央之色五行屬土主天五之數內應脾脾藏意脾之竅為口旺于四季相于春休于夏囚于秋死于冬其色數潤貼肉不凝不浮者為正若凝滯若煙雲污泥者初年曰犯土主三十年中年曰土病主三十年末年曰土死應甲乙寅卯年旺戊己辰戌丑未年月日皆同其色初起如蠶吐絲將盈之時來之未結或如馬尾欲去之時如榔花之色搏聚斑駁然發主喜慶但不宜入口主瘟病應在申酉寅午戌應之旬以深淺遠近定之黃氣與紅紫氣相同則應清明後三日穀雨後五日小暑後三日大暑後九日寒露後四日霜降後八日小寒後八日大寒後十日神相全編

黃色在春為相尅也主死然亦有主旺財者應在七七日內更有主諸事稱心及進人口者其吉凶在神分焉凡相者須細辨之夏月黃主吉又火生土為滯氣主憂財相半夏月額顯黃白二氣色為相生也雖相生白色先吉後凶黃色先凶後吉秋令黃色為土生金主謀事有成添丁財喜如冬令黃為

土尅水主驚家宅不安及禍患此四季之黃也又有正月黃主凶一主黃氣三日大喜五月準頭黃主吉八月承漿黃亦主吉如十月黃色主衰旬日見也細推春黃色居印堂如濺珠者主改官加職在私主得橫財七十日內應春黃從眉至髮際者主大喜慶夏黃至眼上及眉道路主得財庶民亦同夏黃在眉下主得財及妻子孫有喜凡庶同夏黃在魚尾及天倉上如錢大者改官庶人得財冬黃為土尅水主災阻厄女有疾居財帛（在鼻）主破見冬黃色遠口主與人謀事被官厄外州牢獄死常人同冬黃色滿面主父母妻喜及得財寶庶人同冬黃上印堂下入眉頭者損長子亦主官在私得橫財七十日內應髮際黃明求官易得額上黃明遷益祿位日角黃主三公日角月角之部黃光須見進身之事不然詔書來一百二十日又恐封官更得紫氣同生名利朝廷須見提察功勞龍角虎角二部常見黃色而不散三年內須為上將軍出將入相天中部有黃光之氣一百二十日須為極品更有龍虎角紅潤有六十日謂之三台照也天中黃色長一寸至七日拜相封侯白衣為官

僧道命服天中發黃色者富貴人也天中四季黃白色圓光大重者大吉如長一寸白衣為官七旬內應司空發黃色如走蟻者春夏內拜節度觀察使黃氣發從高廣旬日內必定轉官（神異賦）高廣如絲起主百日內為官長其與改舊革所食祿色厄輔骨武庫常見黃主貴驛馬黃（赤則鬥為有災）主六十日動山根常黃司空常有並主喜中陽有先凶後吉山根部黃光之氣如卧蠶者百日內須為行運都統不然見進身之事白衣人如有此必為官也印堂至山根準頭并中正如蒸霧盤旋者赴詔殿上近君王印堂黃七旬內公侯印堂黃光七日內加官進職封侯拜相武臣拜印堂連龍宮有色光潤七旬內加官印堂發黃色主有喜印堂山根至鼻準并中正三陽上下有黃色紫霧生貴子長老遷職大利印堂黃點宜作善事印堂黃色平散者官皆假攝黃色連口（左命門之下）連印綬不（眼梢之下）遇金匱者只得尉驛馬飲婦（兩眉之中）人印堂上黃橫過者二品妻位兼生貴子形厚紫黃人達晚膚薄色黃少貴昌官員法令（鼻井準右）廷尉有黃色徹印堂者職皆正授也年上黃主半月大吉年上色黃即封官爵黃過年上井竈部即有功賞

壽上黃主進業入財鼻上黃光如柳葉橫發主橫財入門準頭黃明脾臟安準頭部黃氣發至天中貴可封侯只一部有之須當大財百姓亦然若氣色如蜘蛛眼須見破家而亡身發之浮猶可也準頭色如鏡光冬夏不絕一年內遇仙人中有者主多年遠信至夏在目及眉上主得道路財夏在眼下主子孫有喜色運鼻直上三十日內得財夏季發法令外色偏面主父母妻子喜慶眉準黃色主亡命門（耳門）發色如臥蠶或紫成名食祿不出年內龍宮連子位黃色三日內得財凡庶民同喝唱上黃色問方則東方食祿隨方斷之黃色成點與紫色同喝唱上黃色秀才及第又主家信至又主移動學堂上黃色文官進職武官闕職得大財邊地奸門（眼梢）黃色七日內政官賞賜之喜奸門部黃則為奸淫之人兩顴部黃則子息有喜不然有財至淚堂黃色為功名而必淹滯神門黃氣因奸而尚然成婚嬪門（眉尾）部黃氣發蠶色須生貴子瀝令部發黃光幕職之官須轉官九品以上有之須見得權黃色臨口橫財到手口部黃氣起千日內朱紫地閣黃光主入宅之喜及進業之喜黃入正口

主患天（即瘟病）行疾承將黃、主喜食倉上黃色主秀才及第并主家信至更主移動食倉上黃色僧道住持內府（目瞳之上近髮際）黃色加半月者主貴人進美食庶人同眉毛上一寸為驛馬設或起脉帶黃光色光潤官至極品凡庶同眼上肉生龍宮福（[illegible]）堂氣盤旋者陰德之人春印光一色如錢大者主得財七旬內應眼中忽生黃須防死路傍黃色重眉連眉毛者春夏大喜四煞上有黃色潤行岳勝黑色者主凶甲匱（封上左右）有黃色入旬日內有財喜外錫黃主遠行壽上黃主壽旦下黃為房中喜春發黃光左主男右主女喜女人有此亦無用賊部常有宜求利守門部黃色點點如錢一一生無病黃若塗酥財帛廣聚也（神相全編）

○○赤

赤為南方之色五行屬火火地二之數內應心心藏神心之竅為舌旺于夏相于春囚于冬死于秋夏行冬令則傷心其色光澤華秀如脂塗丹為正若焦烈燥煩如火燄熾者初年曰犯火主二十年中年曰火病主四十年末年曰火死應壬癸亥子年旺丙丁巳午年年其色初起如火

始然將盛之時災交如絳繪欲去之時如連珠累累而去發主公私鬪訟口舌驚撓之事潤主刑厄細薄主口舌鞭笞應在寅午戌并巳午未日句則辰戌以色定之赤氣應立夏後二日小滿後四日芒種後七日夏至後九日神相全編

赤色春令為相生也然先口舌或官司而後大喜春令兩顴赤者官事春令鼻赤主有杖捧家下人口瘡疾血光之災正月赤潤七日違和夏令赤色為正氣旺發財過旺主公訟口舌夏月在額顯赤色旺也主官司口舌而後吉五月為應時秋令赤色為火尅金主大禍公訟卒哭重重不足家下虛驚恐佈百不如意等事七月赤氣財喜九月地閣十月天空如赤色者官災病死冬令赤色為水尅火主死大抵滿面交加赤氣家內不安赤黑色動防財帛與官災額如赤豆死于兵天門赤色主二十日入關之喜天中有赤色因小病致一百二十日內法死天中赤主驚憂天中赤氣不散或如圓日主刀兵之厄天中如珠一點赤住宅須防遭火厄天中至年上有赤色者主鬪爭械

之厄天嶽赤遮慮人指而虛詐驛馬赤色三十日除官遷職驛馬赤如圓珠主富貴冬從髮際至眉間入牢獄損子中正有赤色主口舌及妻子分離日角如珠主口舌為官者二旬防動印堂起赤色如錢者百日內防火厄印堂起赤色從年上來者有官失職印堂至年上有赤色主鬪爭械繫之厄印堂有赤色春夏三月有官事口舌及主縣杖又主臟血之疾印堂赤色直下衝入海門三十日內大厄或被惡人牽連山根赤防火又防畜損山根赤色黑色主火盜山根赤色如錢大者三十日內掌鹽鐵官得章服武庫赤色如蟲形者百日內接授文武官祿命門及山根赤色過眉頭左右主六旬內死年上赤色或黃色如半月者大吉年上有赤色主官災火災年上橫紋赤黑或憂父母或憂身年壽赤光多生膿血壽上赤色如亂絲紋主巡使行千里之外準頭赤主在任病準頭起赤色十日內喧爭官災之厄準頭赤如蛆大小立有官災準頭橫下赤青色橫過口者貴人求問道術事色帶桃花仍不久準頭赤主病延人中至蘭廷赤者主火厄蘭臺有赤色者主一月內加章服

赤色忌侵灋令酒色亡身炎官怕見水宮防妻產厄赤色上下過口者二十日內主口舌至如赤色點點入口者主口舌爭訟赤色正口兩邊相角相接者主一年內餓死凡庶人正口赤色主病刑獄又主宮棒赤色口邊橫入殃禍至至唇赤爲上客承漿赤主三日內刀損承漿赤主爭鬬地庫左右有赤色主改官合任事違行兩顴部赤主兄弟口舌官事並行顴骨赤及外陽紅準頭青主虛動遷改外陽紅準頭不青主六十日內應兩目山根赤連主火燭血光眼下赤色乃主爭訟眼下赤色如豆不出月內與妻爭眼下如珠真子氣赤瞳耆童罪目後見有如橫絲起入（目尾也）奸門見赤色起主妻子兒女之厄奸門赤如勾五旬死他州邊地奸門赤色憂妻子友伯叔內亂有血光事眉頭有赤色主病刑獄兩眉赤色連通主九十日死婦人眼下赤如蟲形不出月主刑獄及產厄婦人赤色從左右眼下出者作奸（不可論）婦人婦人神光下如蟲行主奸邪厄難婦人從中正至年壽有赤色主產死無子內客有赤如二蟲主重服耳邊有赤主驚恐右耳到辰（[illegible]）部或臨日角主官遷轉勢如卧蠶主餓

死中男有赤主兒子爭訟及死亡赤色貫牢獄春夏大厄赤色從神光垂下者主十日內喪父母獄堂赤主枷鎖旬日應山林赤防蛇虎傷墻壁山林赤失財牛馬赤色防牛馬陂池井部（在兩顴蘭臺下）赤色相連因水得財金匱奸門招橈事奴僕見赤防奴僕田宅（眉下眼上）赤色主田宅退赤燥生於地閣定損牛羊（神異賦）色如春花易成敗惟一時之可觀不久必變又云桃花動仍連目迷戀歌謳戲外妻又云色嫩色嬌邪人也縱有成名亦不久人面準頭赤老人主失跌中年主血光或杖罪小男女主失火滿面如火主官災滿面愁色初不歸二年內死禁室部顴白禁室赤黑色主官事皆有驚累獄兼白色父子見離情黃色須見妻（[illegible]）位主喜慶神光（[illegible]門[illegible]位）亦同此斷也（神相全編）紅黑二色所侵豈非染而為赤曰變赤或因驚恐焦心或因嗔怒勞力鬱悶膜內連片昏昏其色且重且亂勢來最大其形最壯不成斑點四季若見此色不拘何宮皆主大凶若侵一二宮少可連續三四五六宮位其禍不淺輕則破家重則喪命赤色中更有分別者赤中帶黑焦主大凶危赤中帶青帶黃為花雜可免半赤中帶鮮紅色燄赤主

大吉赤中帶嫩黄色轉禍為祥 水鏡集

○○紫

紫為吉祥之色與黄色同斷旺於四季之中更無休囚不足其色初起如兎毫將盛之時如紫草欲去之時如淡咽籠枯木隱隱然 神相全編 考紫色在皮外膜内乃紅深鮮利不散不燄而隱隱深藏榮榮堅久色明鮮利而微微燄光猶在肉裏而透出皮外為正紫色紫色乃大貴色也發於五岳自有一種英發冲于四瀆 耳目鼻口 自有一種秀媚盈于骨肉骨肉自有一種榮美發于鬚眉鬚眉自有一種華彩故紫氣乃最難有也如紅易得也欲深藏而不宜明露然十分不露又為暗滯乃太過與不及俱不驗矣若一散一亂一老一淡非作紫色也 水鏡集

紫色春令主喜兼紅主妻妾有喜三十日應又主財正月紫主吉五月紫氣三月内有財夏令紫主不祥及破財多病忌出行如紅得貴人力三五日應秋令為火尅金主得財添貴子冬令為水尅火主憂煩破財宜行善免災天

中紫氣還入座兩府天中部有紫黃之氣二品之官天中紫紅氣起者主七十日得官榮及妻子上準頭如錢大主妻家得財或遷改職事天中發紫色一日奉勅拜相及節度天中紫氣如垂鉤者百日內登封賜方面節度賜衣錢物婦人紫氣在左右點點如花者主宰輔位至三品夫人天中八字將軍祿又主封侯天庭紫氣得詔取近君王司空部直犀骨忽有紫黃之氣官至三品婦人天中長見紫色者為人長壽中正部旗庭並在其中如有紫氣深厚一百日內賜見金紫中正紫如龍主拜相高廣氣如半錢者五日內有喜事高廣如半月者五日內有喜事山林驛馬有紫氣主上達三十日應印堂紫氣如仰月者主六十日章服至印堂紫氣三道直侵司空天中上去過大赦三七日至罪人看此凡人得財凡五品以下之官即無其氣紅黃相印只見遷資輔職之事外驛馬同此斷也山根忽有紫氣主加職山根紫氣如錢主祿壽上紫氣如一字橫者主新婦有喜又主妻兒事酬州鼻準頭紫氣如偃月主加官進位得好馬田宅大喜準上紫紅黃主半年應喜蘭臺月角紫氣主得財又

主二十日當權庶人主得財物及喜濾令紫色主喜合得姫僕兼得勅命力旬內見法令經朝主印信食祿左右忽有紫氣起如蟲形者一月內有勅命至喜唇紫主衣食女唇紫主尅夫尅子口紫色主貪財防害地閣紫主財長男中男常有紫赤色如蟲形者主生貴子卧蠶發紫主生貴子魚尾紫光妻有喜墻壁紫如珠三日有喜命門紫氣不出年外成名帳下紫色如錢形者二十日成名有陰功之德遇災無咎守上紫二旬內加官神相全編

○○紅

與黃色同意神相全編紅色多在皮外膜內其色紅活燄燄若動有光而勢大點點分明絲絲明潤方為正紅色為喜為祿為福為財連片一散不成斑點不驗矣水鏡集紅色乃有吉有凶紫色乃有吉無凶赤色乃有凶而少吉也萬金相灋

春令三陽紅黃光彩潤澤者主男之喜凡春令準頭至山根印堂透天庭有紅黃光彩者主三七日或四七日內有財喜滿面紅色定主榮華面上紅光

多聲揚顯正面紅黃連帝位名高台輔到朝廷正面有紅光無不遂意印堂
多喜氣謀無不通天中若有紅黃之氣須為都統兵權右職亦如是天倉地
庫紅黃氣發主人得祿還鄉或進士及第百姓見之家活稱遂榮進南方田
土百里之外並馳名也驛馬上有紅色主加官進職天柱骨上紅紫非次改
官當得大官保舉天柱骨上紅黃起僧道主有住持印堂紅色或紫主加官
進職印堂上紅進士有科印堂紅黃色非次改官印堂紅連上職祿高遷印
堂謂之五品上應天部下應準頭紅黃隱印光明一季之內見詔書逢慶九
品以下之官得之須見馳聲貴人薦舉京縣之官須居清職百姓有之得大
財印堂喝唱有天柱骨紅紫色位是正行山根紅色或紫色主加官進職壽
上色紅必妻爭競壽上紅色黃雲主子孫喜又主祿年壽紅黃之氣且平常
則主病一七二七三七應之紅絲乘法令不免奴僕上須有虛驚近在二七
遠不過六十日中央土色逢紅而終見災殃準頭紅如鈎主損財損牛正口
紅色主佳慶唇紅過面五十七年稱意婦人貴在唇紅齒白食天祿多財多

貴多平承漿紅色實能飲酒地閣紅黃須見田園鞍馬若五品之官發紫色須入兩地女人有此則主生貴子也地閣倉庫紅光終身財祿水土二形若犯疾病相纏顴骨紅色可以一寸明者八十日內受印有重權龍宮魚尾上紅色因捉獲改官左眉頭為驛馬如有紅色起作艷色者吉忽生肉起發皮外紅如醉正是火色左三陽主家不寧骨肉之憂紅色發在肉裏如橘紅色火氣在皮上俱主災懸壁真紅因奴馬以爭强耳紅明潤主旺財而事就四月紅黃七日內有印信之喜（或去妾事至）十一月紅白色得田財二旬應嫡門紅色須生女三七紅氣起則主遠信至百姓有主遠年骨肉相見兼財相濟也盜門紅色有印信二七加官民得大財（神相全編）

○○白

白為西方之色五行屬金金天四之數內應肺肺藏魄肺之竅為鼻旺于秋相于冬囚于春死于夏秋行夏令則傷肺其色温潤如玉經久不變為正若塵蒙乾枯無潤如乾衣者初年日犯金主二十七年中年日

金病主十八年未年曰金死應丙丁巳午年旺庚辛申酉年白色初起塵拂將盛之時如賦粉散點或如白紙欲去之時如灰垢之散發主哭憂輕散應瘥應在巳酉丑日內在子戌旬中應及秋日白氣應立秋後四日處暑後六日白露後五日秋分後七日

白色春令為金尅木主官災或病十日見又主妻子災六畜失春令上唇白者主自己肚腹之病夏季為火尅金主發財大旺或諸事如意一主死一主刑害在十日中應者在秋為正色主大發財發祿如其色太過則主外孝又主口舌破財冬令為金生水主有財祿百事稱心又主得貴人力助在五十日應或得財喜女大喜正月印堂白主孝服防死二月面上白氣濃二旬逢哀二月印堂三月山根四月年上壽上白主凶枷鎖死八月白色主父母兄弟重服十日至十二月亥宮起白色如栗粒主遭奴僕之害十二月手忌白色主災三七日應面上白無光罷印及重服面上白深者又看命門無異者主死白氣如粉父母刑傷天中白色乾枯貧賤人也天中連邊地至印堂有

白色主犯王法天庭白氣春愁口舌刑傷天庭連耳白者為人好學聰明天倉魚尾邊地有白色主旬日遭賊所傷司空白色圓光主夏月之厄及有官訟日月角白色防孝服眉上白光右損母而左損父官員印堂天倉如粉塗（謂之[illegible]）者失職（[illegible]）色白在印主尅爺娘印堂白色主無子孫亦主貧印堂白色入耳口鼻主十日重病之厄山根白色主一百二十日有輕服之應年上白至兩眼起主一年內凶禍悲泣年上直連口者凶死年上白色主公訟死年中或項下如塵如煙氣起者百日內主刑獄死壽上白色五十日內防自死壽上白色主父母有病而愈壽上白色主徒囚見君壽上忽生白色十日內破財白色如錢大者二年內主大厄準頭白主入境田準頭白色圓光年內水厄死白氣長于鼻準頓有父母昆仲之服鼻上白九旬內公事相爭人中白色橫過主藥毒死人中氣發清白須見離情之事口四邊色白繞轉者為動口休廢主五十日內大厄承漿白色主傷身地閣及牛馬白色主破田口舌坎中（在地閣）白主外服中岳橫過兩目白色者防自死白色直入眼中防三七日死眼下

垂珠白主夫婦相爭訐門白色憂有私通魚尾亦然命門白色不散三年內防身亡命門白色主口舌并殺傷之驚侵歸兩耳主災禍左右兩耳貫上下忽如白粉起者名曰玄聲休廢主六十日內大厄眼下白色入左右或眉下一條名曰成口休廢主三十日內大厄臉上白主刀兵之厄觀上命門白色防兄弟天井白如龍封上將防小人服陂池法令白色相連傷駒犢田倉白防賊賊部常白主餓死口角垂珠白色七日防死墻壁四圍有白色主餓死外陽白至瀵令三七日內必犯王法守門白色九十日內死山林常白主聰明後閨有白主哭泣父母兄弟各部位上見白主哭金門甲匱白傷酒肉交友天庭白氣（青黑內陽乘水主哭）主半路回路須見哭聲學堂部明白須見貴人舉薦入清職百姓各無此部也腦後忽起有官榮白色（赤即口舌）若臨家有哭神相全編

○○黑

黑為北方之色五行屬水水天一之數內應腎腎藏精腎之竅為耳旺于冬相于秋囚于夏死于春冬行夏令則傷腎其色條暢風韻光彩有

鋒鋩顯露者為正若煙霧昏沉四時污滿不明初年曰犯水主十八年中年曰水病主十一年末年曰水死應戊己辰戌丑未年旺壬癸亥子年黑色起如烏馬尾將盛之時如髮和膏欲去之時如落垢沫發主病災潤主死亦主兵枯翳客死春日應申子辰日旬中甲寅辰及冬以旺為應黑氣應立冬後三日小雪後五日大雪後六日冬至後八日

黑色春令為水生木主榮權及喜慶之事淡主吉濃主災禍太重主死亡春令印堂黑氣者文章阻滯如山根黑氣獨起者主兄弟有災僕馬走失如黑氣横過眼下入耳者主家下哭聲重則自己身死兩顴為朱雀元武黑者破（以上皆在春令）財夏令為水尅火主驚憂或破產尅妻子不然大病居疾厄（疾厄宮在山根）主死居官祿（在中正）主囚禁或降官失職秋令為金生水又為泄氣主破財大病或兄弟上災厄二七日見之餘不為凶冬季為正色然太過者亦主重災更有主及官災疾病破財畜死八月承漿黑主死九月黑氣主枷鎖失財三日至十一月蕙庭黑

為應時濃則凶死中有黑長一寸主縊三月必死死中黑氣頭垂者死顴中年上地閣如煙霧或似黑汗主速死天倉連邊地俱黑者主破財田產或牢獄六十日應額角黑廣主賊額上有黑防七日死必精神恍惚日角黑臨妻主死月角黑橫過主水火之厄眉上月角黑散點如麻子或如豆主病憂天中如有黑霧主失官退職司空常黑主窮輔骨武庫二部有黑者主難死太陽黑色主疾厄憂太陽黑氣主死在外黑掩太陽（此指病）盧醫難救（神異賦）黑氣橫自三陽半年主死（神異賦）三陰三陽（三陽為男三陰為女青則主憂白則主哭紅黃色主喜慶只論男女上有左右男主貴子右女不然）如有黑色發見顴上主破財官員失職或有水厄在私主失財家宅不甯三陽部位黑發為方形如衣帶衝入口邊主死百日內應凡春三月將產三陰三陽俱帶黑色晦滯無彩者主喜中有憂恐子母不全眉橫左右黑色主一百日死眉上一寸為四煞有黑氣不利行兵冬（六月）眉上眼如大指者主身有疾病十五日應左目下是妻位黑氣起主妻病季夏防變左眼尾去一寸命門命門黑色如蟋蟀腳大小號為鬼書即看病人鼻孔下是棺槨內看病人棺槨陷一寸并黑色遮如指頭大即死左目尾黑死馬牛奸

門黑色女相奸妻部有黑氣主三妻及死亡妻部黑雲故舊而中間變盜妻部有者不論春夏秋冬主妻難產眼下色黑左剋子而右剋妻卧蠶黑婦人小兒防災剋應三十日或口舌印堂黑色移徙之愁山根黑旬日身亡山根黑似煙恐招訟盜之災二十日應山根暗起主災凶如貫山根難到來春山根年上有主一年死年上有黑氣主重病及有五百里外之役年上有如指大小號為鬼印即死更看鼻孔有冷氣即死準赤防訟有黑色獄之其年破紫黑連年上女必招災年上黑氣侵灑令酒食色慾之憂壽上黑主死壽上有黑掩赤者停替之死壽上垂墻為呪咀主一百二十日死官員黑色上準頭退官疾病中岳連耳黑十日內災蘭臺主下淚失馬黑氣穿五竅防患亡身之疾瀘令連黑防官事七十歲者防三日死唇黑色主路死唇有黑紫妨妻害子黑氣入口死于憂口角邊黑二旬病哭口邊一寸為家食者之食不足人黑氣從口入耳七日內亡男左女右口部黑色一千日內父母亡小人及口邊有七日內横死大海黑二七日防奴逃或自災海門黑落水死承漿六旬

防死一云因酒死承漿冬有黑色白衣為縣令常人得財及田産鞍馬進人不然穿井得物地閣為田成訟奴婢上有主死奴婢頤頷如壓霧枷鎖之災死獄中牢黑獄冤死黑色獄堂起主枷鎖旬日至邊地主春秋及夏一百二十日獄死五嶽黑兼官災財退臉上黑色主憂家及陰人疾病臉上黑及法令者主妻病連年在床忽見黃色必瘥臉上黑氣如雲霧者七日內死邊地至龍角有一百二十日內離鄉印信喝唱有主死色黑撲於耳前名為奪命命門有黑點遮之即死命門或青黑色不久病黑染準頭主枷鎖六十日至奸門下半黑主盜賊賊部常現禽財常在守門部一生多病黑如油沫人命多傷黑若紙灰終須短壽神異賦

神相全編

二十四氣剋應氣形圖

應時則喜　逆時則憂

水波紋

此氣動如水波紋勢

喜　應三七日主陰人財帛事

憂　應四七日主水厄血災厄

圓珠形

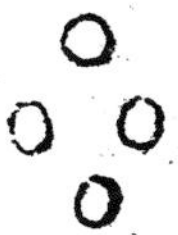

此氣見如圓珠形樣　喜　應一五日主音信財祿喜　憂　應二六日主官文書虛驚

棗核形

此氣見如棗核形樣　喜　應四時辰日主名聲官祿　憂　應六八日主失職官災事

草根形（向下）

此氣見如草根向下　喜　應一日主有名祿位財喜　憂　應二日主有官憂血災憂

草向上

此氣見如草根向上　喜　應四時辰主吉音文書至　憂　應四時辰主火血驚撓事

雲行形

此氣見如雲行形勢　喜　應三七日主上位提携吉　憂　應一七日主大服重災危

雙魚形

此氣見如雙魚形樣　喜　應四九日主遷官陞職事　憂　應三九日主水災促疾厄

粟米形

此氣見如粟米玉絲　喜應七七日主名聲祿位陞　憂應三七日主有心腹之疾

散玉絲

此氣如粟米散玉絲　喜應三七日主有遷轉陞職　憂應二七日主有落官減印

蚕絲形

此氣見如蚕絲散亂　喜應二七日主有橫財進入　憂應二五日主有失財之事

筆峯形

此氣見如簮筆峰端　喜應三九日主有文字進喜　憂應三八月至有官司筆動

角弓形

此氣見如弓形之勢　喜應四九日主有陰功故職　憂應三九日主有失職之患

亂髮形

此氣見如亂髮之形　喜應三日內主有急來吉音　憂應在一月內主有公私撓

連珠形

此氣見如連珠形狀

喜　應六八日主三遷進重祿

憂　應四八日主有失物重病

龍蛇形

此氣見如龍蛇形狀

喜　應三七日主有名譽陞擢

憂　應二七日主有兵動戰危

梅花形

此氣見如槑花點形

喜　應在七九日主有生子孫

憂　應一季內主有子孫疾死

龍鱗形

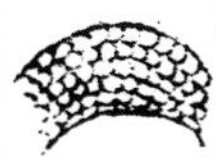

此氣見如龍鱗之狀

喜　應四七日主有名聲顯揚

憂　應五七日主有水火之驚

鳳尾形

此氣見如鳳尾之狀

喜　應在三八日主有遷轉吉

憂　應在四九日主有脚上災

玉印形

此氣見如玉印之狀

喜　應四九日主有遷官朝見

憂　應六七日主有剎官獄死

火燄形

此氣見如火燄之狀　喜應五九日主有吉音報應　憂應二九日主有發血死亡

圓月形

此氣見如圓月形像　喜應三七日主有名位大顯　憂應三七日至有血病死亡

半月形

此氣見如半月之像　喜應在四九日主有吉音至　憂應在三九日主有凶信至

正蚕形

此氣見如蚕形之狀　喜應在七九日主有進財吉　憂應在六九日主有失財事

劍刃形

此氣見如劍刃之形　喜應三九日主有武功成事　憂應二九日主有刀兵之厄

已上氣圖共二十四形各更用目力精別著首尾上下在何部位何方隅何時日是何色及形部上惡年運如何須內外推究方有應驗以上憂喜

註論事應者亦隨其氣形緊慢云爾神相全編

氣候吉凶俱有定數更看陰陽順逆如何即六節應日詳五色中類編

論應剋及生死候

朝見　帝座上有黃紫氣如龍鱗筆峰

受官　司空上有黃氣如玉印連珠

遷轉　隨上下位有黃紫氣如草根向上

得祿　祿倉上有紅紫氣如棗核雙魚

帶職　神光上有黃白氣如劍刃弓形

科甲　日月角上有紫氣如雲行龍形

移動　驛馬上有青紫氣如圓月雲形

典刑　刑獄印信上有白紅紫氣如筆峰

提擢　隨上下位有紅黃氣如連珠

金穀　倉庫上有紫氣如水波紋

奏均　隨大小上下有紫赤氣如印形

用武　邊地上有赤氣白氣如刀劍火燄

守士　準頭權印上有黃紫氣如圓珠

僉佐　輔角上有黃氣如偃月

赦書　隨上下位看帝座上有白氣如龍形

省文　帝座上有紅黃氣如鳳尾

詔誥　祿倉上司空上有正紫氣如粟米

邊信　邊地上及印信赤氣如圓珠

吉信　印信上及山林上黃氣如筆峰

憂信　驛馬準頭有黑氣如偃月草根

剝印　印堂至司空有赤氣如一粟玉絲

急病　食倉上有青赤氣如亂髮

解官　祿庫權印上赤氣如雲行

落職　神庭金匱上有青黑氣如弓形

內服　中部有赤白氣如梅花

外服　下部有赤白氣如蚕形

祖墳　塚墓上赤氣應則動

屋宅　地閣有青赤氣應則遷動

公訟　準上喝唱有赤氣動如筆峰

私撓　準上唇毛有赤氣如圓珠草根

刑獄　食倉刑上有青氣主下獄

山林　上有青赤氣主火燒山林

陂池　上有黑氣入口主死及水災

父母　內外三陽有氣動則應

兄弟　年壽間有氣動則應

伯叔　司空上有氣動則應

子孫　正面上及人中有氣動則應
妻妾　左右眼尾及眼下有氣動則應
奴婢　承漿傍有氣動則應
六畜　食倉去二分有氣動則應
進財　準上連年壽間有黃氣動如連珠雲行
退財　食庫準頭有青赤氣如糸形
怪夢　夢堂上有氣如絲散亂隨即應
見怪　陂池上有赤氣如水波草根
水災　下部及準頭有青黑氣如煙
馬驚　眉上二分有赤氣如刀劍弓形
血火　印堂左右墻壁赤氣如絲散亂
刀劍　兩眉頭尾有白氣如弓刀形
發迹　準頭上有一點如粟米漸開

心病　赤氣浮皺不貼肉赤點如草根向上

肺病　白氣浮淡白點如珠皮膚燥

肝病　青浮枯如煙成條如縷主恐懼

腎病　黑氣如煙凝散主勞倦神不安

脾病　黃氣凝滯不通如舊眼見日

心絕　唇如紅裂白眼黑煙一季青一年

肺絕　毛髮乾枯皮無神黑一年青三年

肝絕　眼忽無光頭低黑一月青一季

腎絕　面上如黑水漆白壁耳上粥衣黑一月青半年

脾絕　兩眼耳鼻指爪乾黃黑半月

紋　圖在後

惟論人之紋關係極大能變乎凶而變乎吉也（水鏡集）額紋之貴賤如額方廣豐隆而有好紋者則爵祿崇高也倘額尖狹缺陷而有惡紋者則貧賤無疑矣（神相全編）三紋偃上名偃月紋主朝郎三紋偃上一紋直名懸犀紋主節察武臣王字紋主封侯（同上）四邊無紋使破方准（水鏡集）天中一紋下至印堂名天柱紋主卿監印堂上二脈直上寸者名鶴足紋主刺史井字紋主員外郎（神相全編）印堂貴妻妾主妻妾惡死（麻衣）十字紋主富吉田字紋主富貴（神相全法）田紋偃上一紋直者名曰懸鍼紋主節察武臣（水鏡）女字紋主榮顯遷乙字紋京朝之職山字紋主侍從之榮三橫紋繞者主剋父（神相全編）短亂者凶長而兩頭垂下者名曰華蓋紋主孤一紋橫而曲者名曰蛇行紋主客道路死巛字紋主憂慮刑厄（水鏡）額上亂紋交差貧苦多災額上大字紋主災缺額上川字橫紋主壽額上（麻衣）大字者主忠孝位祿　健女子額上有三橫紋妨夫尅子[illegible]

直理主損妻兒神相全編天倉橫直紋主敗家柳莊相印堂井字橫紋主忠孝佐帝
王印堂直紋主破相神相全編山根有一根橫紋主離祖二根橫紋離六親三根
橫紋白手成家袁柳莊相鼻上橫紋剋子不實鉤鼻上主盜而奸鼻準紋痕多者心
毒懸鍼紋入印堂剋妻山紋額角為貴八字牛角理紋主高貴牛角小紋入
眉旱苦老榮眉上雙生鹿角紋主將軍兩角紋眉曲斜者主刑眉上橫紋主
剋子眉上亂紋妨妻兒奸門亂理主淫神相全編奸門有十字紋者主打妻魚尾
紋直上天倉白手成家貴柳莊相目下壁紋剋子目下橫紋主孤剋子眼下有
紋斜上者主刑神相全編額上有紋主大破耗柳莊相左額橫紋忽起一紋增一紀二
紋增二紀三紋壽至期頤麻衣相臉上有紋出者壽神相全編橫紋過面為之破腮
麻衣腮下橫紋主惡死神相全編紋侵海道須防水患麻衣紋理入口主餓死口畔兩
縱紋主貧賤入口如擊物者餓死人中亂理子息難地閣縱橫紋主財散神相
全編地閣有一處紋主一處田莊二紋主二處田莊柳莊相井字陰陽終自縊結
喉有紋者自縊頷下無亂紋者吉項上有紋為項條主有壽神相全編大抵紋有

明暗氣有開閉紋理放光紋外紋黄紫氣盤繞為陰陽紋現必有大陰德事紋理黑氣冲出紋外鬱鬱而慘淡不明主損陰隲凶者或成羅網或成交叉或成懸鍼冲破于諸部或有紋現于年壽皆主凶也美者為陰隲紋或現于三陰三陽或現於玉堂天門或懸針輔腳或帶令地閣朝天紋理如紫如銀之亮明紫皆主吉紋理瑩腚明潤為生老年無病而長年紋理暗黑乾苦為休囚無運而壽不永矣水鏡集

○○黑子斑點

高者為痣平者為點青黃為斑柳莊相凡痣黑要如漆赤要如硃帶赤主口舌鬪競黑白主憂驚刑厄帶黃則主遺忘失脫也生於隱處者多吉生於顯處者多凶神相全編其有大而無色者為黶或大或小而不起無色者謂之污黑漆赤硃及碧如玉者主大富貴也不紅不黑者非美麗也水鏡集

夫人有骨肉瑩白而美便生其痣以彰其貴也人之體膚粗黑而濁生其痣以表其賤也水鏡集如生於面上者皆大不利如天中生主妨父母女剋夫天庭主妨母又主市井厄司空主妨父母高廣妨二親眼瞼主作賊山根上主剋害山根下主兵死年上主貧困壽上防尅妻鼻側主病苦死鼻頭防害刀死鼻準主迷竄多滯神相全編準頭有黶陰中有上下生黶左右同梁柱有黶陰背上見時敲道有神功麻衣相法法令紋中黶子左喪父右喪母人中求婦易又主立身孤口側則財難聚口角職要無唇下多破財舌上主虛言口中主酒食大海主水厄承漿主醉死地閣少田宅女人地

閣須憂產左廂主橫失尺陽主客死轉角主兵死邊地主外死輔角主下貧山林主虫傷虎角主軍亡叔門主箭死青路主客傷亡眉上主窮困魚尾主市井亡奸門主刃死天井主水死夫座主喪夫妻位主喪妻長男主尅長子中男主尅中兒少男主尅次子金匱主破敗上墓主無職學堂主無學命門主火厄一主作事終始奴僕主為賊嬰門小使主貧薄支堂主尅妻外宅主無屋奴婢主妨奴婢坑塹主落崖陂池主溺水墓上主尅亡三陽主謀死盜部主奸竊兩廚主乏食祖宅主移屋家信主破散華蓋主暴亡神相全編耳間黑子常招水驚柳莊相黑子之好者如生髮中主福壽近上者尤極貴額上有乙黑者主大貴神相全編山林得一痣主得大財柳莊相太陽主夫婦吉眉中主富貴眼上主吉利印堂當中主貴又主官事耳內主壽耳輪主慧耳珠主財神相全編臍含黑痣名曰含珠主食祿萬鍾水鏡集龜頭有痣主壽陰毛黑子主貴神相全編倘痣生兩足膝骨上者謂之勞源主奔波兩足底下者謂之寶藏瑩大高起而有毫者主封侯大而不高者發財左乳上之左右倉主積蓄財谷兩乳中間為

男女宮中生貴男女腸之上下謂之福源主貴好子在臍兩傍為左右野主小貴（水鏡集）此外又有前賢之異者如朱夫子左面七痣闕夫子顏膝七星文王一痣生於四時之中張守珪足底一痣貴為刺史安祿山左右俱有後果兩處刺史（同上）漢高祖左股有七十二黑子則見帝王之端相（神相全編）

去面上凶痣方附在四卷尾

〔雀卵斑〕主妻子難為作事犯重作事受便宜女人主傷夫尅子夭壽不吉〔豆斑〕者其主亦同然更多奸詐男主尅妻子女亦然（神相全編）面多斑點恐非老壽之人（神異賦）人白斑黑主聰明好色人白斑黃主愚賤瘦人年少面上及身生斑主促壽肥人有斑主壽土形人宜斑餘俱不宜斑大概少年主夭老年主壽大為斑小為點少年點不妨大忌斑老年更喜斑點亦無礙（柳莊相）凡人面身上忽然生紋黑斑點數十點者此屬內敗近死之兆也（醫書）

去雀卵斑方附在四卷尾

○○髮　鬚　髭髯鬢

髮乃血之餘屬心拔心血虛者髮先白神相全編肥忌髮少瘦忌髮多髮隨
神清肉隨財長髮濁血亦枯髮秀血亦榮髮落財遂生肉長髮亦落木
彫髮落即死柳莊相鬚屬腎腎陰虛者鬚先白醫書上左右為祿下地閣為
鬚人中為髭承漿為鬚邊地上方為鬍髭柳莊相寧可有祿無官莫使有
官無祿有祿無官者富而且壽有官無祿者財散人離若官祿雙全乃
五福俱全之相也神相全編○有不得已而染鬚者其方見四卷尾
髮如山之草木太盛則鬱不清明所以髮多者不欲短髮少者不欲長短貴
青光細少重宜色潤爲長水鏡集總之粗硬而索者性剛而孤氣臭而多者迍
滯而賤麻衣際高者性和而壽際低者性愚而夭僻毒必須後髮高神相全編心蠍
因耳邊無鬢侵眉亂額多災厄鬢髮粗疎財食無乾而燥主憂愁至老水鏡髮
不倒則骨肉參商健兒不秃寧相不濃神相全編雙頂赤髮小兒則主刑傷髮潤
鬚滋年老定然福壽鬼眼相居仙苑童顏鶴髮無祿壽早白鬚焦水鏡少年髮落
難言子少年白髮喪雙親左邊多妨父右邊多妨母此言不過十五歲柳莊相

髮鬚有黃尾白如羊鬚主尅子（同上）髮黃而焦不貧則夭頭小髮長散走他鄉（神相全編）髮際低而皮膚粗終見愚頑（神異賦）髮際低而幼無父（銀歌）樹卷髮者犯刑好色髮黃者下流之徒（柳莊）髮捲螺必有刑傷額髮稀定然苦尅鐵死髮生到耳貧病髮枯面焦（神相全編）髮黃妨尅色赤多災額亂防父母赤理主兵亡或長或短老見孤單或亂或橫狡詐之容榮華色紺翠官職髮清絲（水鏡）早自有轉烏為吉不齊定妻子刑傷（萬金相法）男女髮深皆主愛色女子粗髮尅子刑夫（男女）中年髮頂落者老來最苦髮生絨毛者男女困窮老不落髮主勞碌老轉黑髮主壽防尅子刑孫女老不落髮則主大壽也（柳莊相）

〔髮〕乃一面之丰采可定人之賢愚也取其黑光紺清齊厚滋潤最忌黃疎并亂捲鬢深過命門主賢德髮重鬢清可許翰林鬢清眉彩榮貴早得眉疎鬢禿老見孤貧鬢重鬚輕一生有福鬢輕鬚重娼優隸卒有額無鬢諸事少力髮鬢粗濃勞苦終身鬢髮紺光欣然得祿（水鏡集）

〔鬍鬚〕者如山川松柏光彩發生之象也枯暗敗亡之兆也（水鏡集）故少年富貴

取眉之清秀老年福壽取鬚之滋潤又云滋潤發福乾燥蹇滯(神相全編)須兩眉濃疎相配長忌飄搖短忌鎖喉(鬚短鎖喉敗業惡死)多宜清秀參差為貴少宜健光有情為福面瘦鬚長挺秀朝內老臣面扁鬚柔雖清道士之容(水鏡集)鬚生項下多得外家財產鬚鬧燕尾老來子息刑傷(柳莊相)不過唇(詳十大空上見頭部)為無情鬚髯拳主貧苦白麻粉面無鬚豈有壽元(太監相)婆形(昔鬚)無聲响亦能有子輔鬚先發一世困貧鼻毛接鬚常多悔氣硬如劍者掌兵權形如箒者赴法市重髮無髭不可同侶(水鏡)鬚拂於左(旅書)尚多畏夫人(柳莊)人中少髭一生勞祿(神異賦)鬚清中無夾雜(無白)黃多為僧道(神相全編)承漿無鬚唇再紫定遭水災(柳莊)柔主性柔赤主孤剋(神相全編)短髭連口蓬亂東西定主饑寒敗業細而浮飄粗而無紋必然到老俱空(水鏡)老來鬚落主剋子水形多腎虛土形丹田虧二形多無鬚如有鬚者主有好子木形火旺故無鬚還須有子不可以鬚言人子息恐悞其事(柳莊)凡鬚黑光明無垢者則發自枯如漿紗者則死乾索晦澀者則凶鬚黃色澤潤紫者則祥乾燥焦黃者則敗也(水鏡集)

毛

歷考諸書俱無毛論然亦有吉凶貴賤之分不可忽也如額生寒毛者幼必損母銀題歌又主愚而尅妻女主尅夫神相全編面上無寒毛貧窮逃外鄉柳莊相耳內毫毛定是長生之客神異賦痣生雙毫必生貴子毫生痣上總主俊豪柳莊胸上生毛性躁同上胸有毫毛必能成家若粗而多反主性暴水鏡集胸上生毛性非寬大神異賦乳上生毫三根主吉生子貴毛如草亂多者無子背上生毛主勞苦手指生毛者好柳莊股肱無毛主破祖貧窮銀題歌腿上無毛子孫不孝柳莊腿上生毛一生不犯官刑如軟長者有福毛硬粗短者亦主招刑水鏡足面有毛家必殷實人倫大統賦腳上多毛者好柔細者貴而祿粗大者賤而貧神相全編足生軟毛安樂柳莊身上毛粗主貧窮身上生毛非遠器神相全編腹大無毫空求名利水鏡臍下穀道俱有毛一生不招陰痛不畏鬼神柳莊穀道亂毛號作淫秒神異賦穀道無毛一世貧窮神相全編陰毛要三七之內生宜黃宜軟主貴如草主賤硬主賤生早夭生遲淫如亂草亦主淫昔呂太后陰毛長尺八黃如金色

而拳名爲金線纏陰主極品亦主淫若長若黑乃刑殺之婦雖貴不久柳莊陰上無毛亦主淫賤西岳先生陰毛太多者爲膀胱火盛主賤陰毛逆生者主夫婦不相和睦也神相全編

玉枕圖

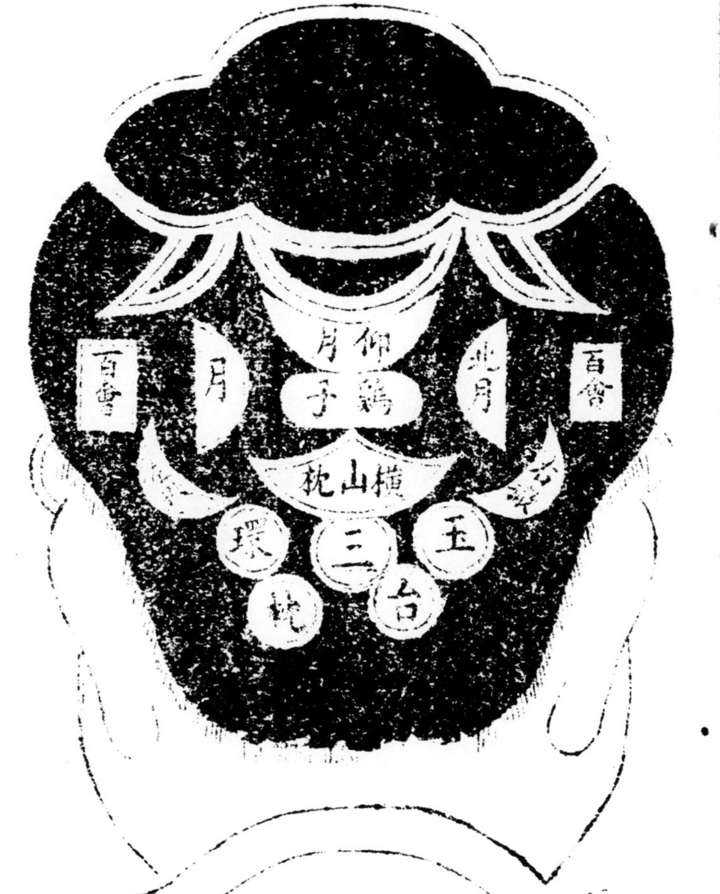

枕骨

夫腦之後名曰星臺若有骨者名曰枕骨凡豐起肉稱於骨者富貴低陷孤露者貧賤也故有肉有氣為骨秀有神有色為骨靈更得眉隨骨起鬢隨髮青鬢隨神秀名重侯王並保祿壽矣水鏡集

○○○三骨皆圓者名曰三才枕主侯相○○○○○四角各一骨聳起中央亦聳者名曰五嶽枕主封侯○○兩骨尖起者為雙龍骨枕主節樞將軍◎四邊高中央凹者名車軸枕主公侯□□口三骨並起者名曰連光枕小者二千石大者將相一骨彎仰上者名曰偃月枕主卿監一骨彎俯下者名曰覆月枕主朝郎二骨俯仰者名曰相背枕主文武防團○○○上一骨下二骨分排名曰三星枕主兩副制館職□四方骨皆起一骨角者名曰崇方枕主二千石大者台祿○一骨聳起而圓者名曰圓月枕主館殿清職上方下圓者名曰垂露枕主員外郎○○上下圓而有稜似盆者名曰玉樽枕主卿相小者刺史)(背月枕□一字枕主誠信貴性剛◎回環枕又名率轄枕父祖子皆貴左長枕左撇枕

☽右撤枕皆少貴主壽▽懸鍼枕主孤☰三關枕主一門有數貴∘∘連枕又名列環枕與玉堂相侵主貴壽性不常○雞子枕主性焦烈多自是凸山字枕主誠信貴性剛又名橫山一字枕▽垂針枕又名玉枕主多壽□酒樽枕主近貴有祿無官⊥上字枕志高膽大成敗小貴凡有玉枕皆主貴如僧道主壽長即稍有骨枕徵起者皆主祿壽婦人有者亦主貴∞腰鼓枕主小貴無定成敗反覆∘∘∘如珠枕主近貴而不實丁丁字枕主性寬近貴品三骨直起一骨下橫承之者名曰山字枕主聰明富貴壽○□一骨圓一骨方名曰疊山枕主富而榮⌂一骨聳起而尖峻者名象牙枕主兵將之權◇骨起分四角者名曰懸計枕主節察武臣□一骨橫截者名曰一陽枕主巨萬高壽大凡枕骨欲得共下者過腦而易辯近上者淺而難驗矣（神相全編）又不宜左凸而右凹右高而左陷上高而下空下聳而上塌此皆主貧賤凶禍孤刑之骨也（右髻道人）

○○骨

骨為主為形為君肉為佐為容為臣神相全編骨屬陽肉屬陰洞元經平和則無災陽勝陰主孤煞陰勝陽多夭折須知骨欲峻而圓不欲橫而粗骨寒而縮非貧即夭骨聳者夭骨露者無主骨輭者或骨肉堅硬者皆主壽而不樂神相全編男人骨硬必貧賤女人骨硬必刑夫柳莊相骨橫者凶骨輕者貧賤骨俗者愚濁骨上有筋者勞苦骨孤者無親骨親者有福木骨瘦而青黑兩頭粗大主窮厄水骨兩頭尖主富貴火骨兩頭粗主奴賤土骨大皮粗厚主富貴多子此總論渾身之骨也神相全編

考頭有七十二骨內最佳者不一額取八骨如伏犀骨日月骨邊地骨福堂骨龍角骨虎頭骨印綬骨金城骨者是也頸頂骨圓而平起者賢天庭骨方濶而監起者貴日月骨角起者神鼻梁骨伏犀骨起者靈額骨插足者威枕骨隱起者貴壽眉蓮骨起者英發顴骨朝起而鬚清髭硬者晚榮旋生頭角骨主晚福或旋生頤骨則主晚年至富也水鏡集左日上為日角右目上為月角骨日月角起者主大貴日角之左月角之右有骨直起者為金城骨位至三

公骨齊耳為將軍骨繞日角為龍角骨兩旁外為巨鰲骨額中正面之左骨
角骨須陰陽骨肉調勻皆為上相印堂有骨上至天庭名天柱骨從天庭貫
頂名伏犀骨二者主為至三公（神相全編）伏犀骨起定作元臣（人倫大統賦）然伏犀骨
易得而單犀骨最難伏犀從鼻梁貫印堂從鼻準頭至頂（水鏡集）面上有骨阜
起為顴骨主權勢顴骨相連入耳名玉梁骨主壽考額骨入鬢名驛馬骨太
陽穴有骨名扶桑骨耳後有骨名曰壽骨低陷者（貧夭耳上有骨名玉樞骨）主福壽天中骨起主富貴
缺陷無田地天門骨合得四方朋友兄弟妯娌之力天中骨起如筋大有稜合主國師近聖人貴至三品
百合骨起邊地之將高聳主大貴命門骨主長壽甲匱骨起女主后妃男為
金吾將相領兵邊上骨起及肉紅潤者主富貴法令骨起為大理主事少卿
管官井灶骨起宜田宅地閣骨滿主屋宅地倉骨起主富貴輔角骨起能文
章令為大尹虎耳骨起大貴承漿骨滿朝天者主富足酒食懸壁骨起及肉
滿宜奴僕陷者無燕頷骨起大富貴武庫骨起為上將房心骨起主國師四
殺骨起主節度使左廂骨起祿二千石如骨肉相稱主白衣拜相高廣驛馬

骨起主封侯太貴太陽骨起為御史輔骨起為侍郎給事中中書舍人如黃
色一品之貴邊地骨起為諫議大夫監察御史天庭骨起紅潤者丞相之位
額角骨起司徒太保之位父墓骨起大貴蔭襲子孫戰堂骨起為驃騎將
軍節度副使行軍司馬之位郊外骨起三品卿大貴司空骨起刺史員外郎
省舍人之位道中骨起遠州刺史交額骨起官小有壽重眉起主小貴有節
行人性不常懸角骨起或肉黃者七十日內主三公卿相天下統師中正骨
起司馬令長山林骨起州牧之位虎眉骨起為將軍龍角骨起主封侯尚書
僕射輔犀骨起主封侯伯一品之貴華蓋骨起主富壽福堂骨起主三品兩
眉間門骨起合得國師庫藏錢物印堂骨起合主大印綬一品太保司徒之
位司空骨起至式枕者三品下四品正中骨起至玉枕者二品下三品山根骨起如釵股上有
稜似刀背至枕者或如月樣明潤異四品下五品天中骨起至枕者五品下
者為大將軍之位天庭骨起至枕者
六品伏犀骨起至枕者六品下七品坤山骨起至枕者七品下八品鳳池骨
起至枕者八品下九品華蓋骨起至枕者九品下雜流此等之骨皆似枕則

以手捫之覺隱隱然似刀背均主富貴玉枕骨起者三千石俸食十九[illegible]鍾如刀背者為上若雞子橫縱似月仰月覆月背月玉環等祿主壽異常女人有者吉骨氣似有似無見如諸部如欽殿之樣起主大貴伏犀骨如小指半大有稜如蠶位極上品骨如指者為名儒骨有稜如角六指者上將軍此名伏犀骨玉枕骨各有取為面部隱隱然骨起不出十年為方面肉色俱好五年之內陞遷也（神相全編）其有天庭骨隆起枕骨連肉起項骨平起日月骨角起太陽骨綠起眉稜骨起鼻骨伏起懸鼓骨連準方起顴骨插起牛角骨豎起皆主大貴所以有五官不正而富貴者必有神骨鎮之矣又曰頭無惡骨非也如有奇骨而無奇神相應者即壽長不孤夭貧賤矣又有頭額骨凸腦後骨高常受孤貧者必是骨露無神也更有頂骨尖起者貧天庭骨聳出者尅日月骨陷露者刑腦骨插露者凶顴骨橫出者惡而倉骨陷出者貧眉骨露而無眉無肉者刑妻尅子總之骨取豐而起處取厚而潤骨肉平和者俊更加神氣來助便為秀骨勝而少氣者為痴肉勝而少骨者為虛是以一生

福壽惟取頭骨可封也（水鏡集）　頭骨已明宜詳手足手骨宜重重若福重輕則福輕清受清福濁受濁福骨多肉少有福無祿肉多骨少有祿無福骨肉相稱雙全福祿壽喜有骨骨露則寒寒主貧○手若骨露六親無力凡有獨骨者老必凶亡（神相全編）手後曲處骨出者謂之破財骨（柳莊）腕無孤骨主官榮（玉掌記）　自臂至肘為龍骨象君欲長而太自肘至腕名虎骨象臣欲短而小（水鏡）脚骨節彊妨非一兩人主辛苦也（神相全編）

高味卿曰人以和氣忍耐為主不可因一時之氣舉手鬪毆蓋一身之骨有致命者幾處即傷於不致命處亦多枝節耗財其骨圖及一身骨之致命幾處者余著內景類編詳在其內今檢中有洗冤錄亦有論及此者惜乎未全耳

○肉

肉屬土生血而藏骨豐不欲有餘有餘則陰勝於陽瘦不欲不足不足則陽勝於陰瘦者不欲露骨肥者不欲露肉骨與肉要相稱氣與血要相應

若陰陽相勝即一偏之相也肉喜堅而實直而聳更欲香而煖色欲白而潤皮欲細而滑皆美質也若色昏而枯皮黑而臭麗多加塊非好相也（神相全編）瘦有精神終必達（金鎖賦）瘦人髮黃主貪奸肥人面赤主性惡蛇皮主破家天寒沙皮多起家初年不妙（柳莊相）肉緊皮粗急如綳鼓者主夭暴肥氣喘速死之期（神相全編）二十之上肥主死（麻衣金鎖賦）肉橫主性剛而暴肉緩主懦弱怕人肉紋路遍主近死（神相全編）凡生肉先從腰上生為有用胸上面上生非好相也（柳莊相）若夫神不稱枝幹筋不束骨肉不居體皮不包骨皆速死之應也次究乎肉宜多肉多食祿多肉少食錄少肉肥促急軟而有骨食祿已定死期至矣（神相全）

○聲

全聲和潤主富木聲高唱水聲員急火聲焦烈土聲深厚如在甕中聲輕者斷事無能聲破者作事無成聲濁者謀運不發聲低者鹵鈍無文清吟如澗中流水者極貴發聲溜亮自覺如甕中之響者主五福全備

之人也神相全編水鏡集

聲善清而圓堅而亮緩而烈急而和長而有力勇而有節大如洪鐘騰韻鼉鼓振音小如玉水流鳴琴徵奏曲見其色粹然而後動與其言久而後應皆貴人之相也故貴人之聲多出於丹田之中丹田者聲之根也舌端者聲之表也小人之言由舌而出如急而嘶緩而漩深而滯淺而燥大大則散散則破或輕重不勻喙嘵無節或如破鑼破鼓之响或如犬羊之鳴皆賤薄之相也男有女聲主剋子貧賤女有男聲主妨害終身不榮剋夫女聲急切妨夫一絕男人鬧聲無韻主貧女人鬧聲無韻主賤乾濕不齊謂之羅網聲大小不勻謂之雌雄聲或先遲後急或先急後遲或聲未止而氣先絕或心未舉而色先變皆夭賤之相也身大聲小者凶自言自語主招鬼迷壽夭神相全編忽然聲躁主重疾乾韻主死柳莊相

八卦十二宮圖

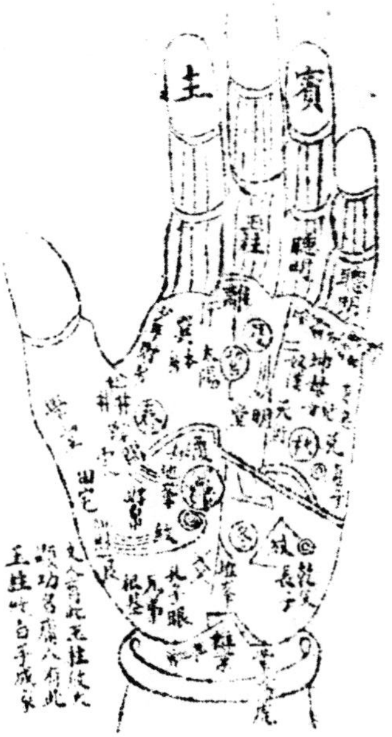

手總圖

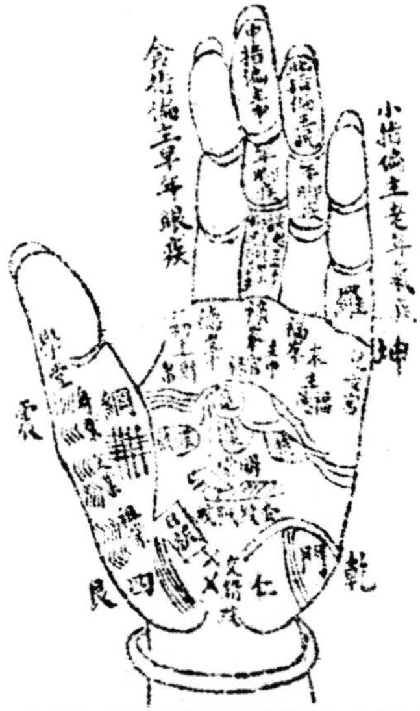

◎◎手男左女右

掌為虎指為龍只可龍吞虎不可虎吞龍龍骨欲長虎骨欲短水鏡集四指為賓中指為主賓主相濟為美二指長平生近貴四指長小人不足性不耐煩神相全編小指長者貴得奇福水鏡集五指長過節三分如骨圓者功名可得陳希夷云指尖長主文學貴顯玉掌記掌長指短或指長紋橫紋多主暗慈人嬉少年難養五指斬傷或病損亦有所主如大指破祖二指尅父三指尅母四指妨妻五子刑子大指駢母亦主苦疾神相全編生六指者主尅父一生不得榮顯下賤之相也袁柳莊齒殘指甲心緒多神相全編四肢乾一年主死四肢潤一年主富柳莊相骨重定主高明紋奇但當小爵浮筋露骨身欒憂腫節漏風神昏意懶指生兩節死在路途俱玉掌記手大身小者福祿手小身大者清貧麻衣相身大手小難聚資財身小手大一生下愚柳莊相手大指小浮蕩破財玉掌記手垂過膝蓋世英雄水鏡集手不過腰一生貧賤纖長性慈而好施短厚性鄙而好取麻衣相端厚者富

薄削者貧圓硬者愚方軟者福長厚者貴短薄者賤（神相全編）乾枯者清貴
軟滑如錦囊者至富手滑如苔者福壽皮連如鵞足者至貴指纖而長
者聰俊（麻衣）指柔而密者蓄積指如春笋者清貴（冰鑑）手直如笋者福壽（神相）縱如剝葱者貧
稜木杳暖者貧華濶平者賤（玉掌記）富貴掌平手薄者主賤乾枯者貧窮其污者濁下粗硬者下
賤硬如雞足無智而貧（神相全編）指破而疏者破敗指如鼓槌者愚頑如竹
節者貧賤（水鏡）手指或足指如蛇頭鵝嘴鷺嘴主好猾孤獨女主刑父母
（柳莊）搖搖如豬蹄者愚濁而賤指短而突者為賤（神相全編）掌細而寬榮辱難
辛不免節如雞卵一生多得橫財（玉掌記）細如噀血者榮貴（神相全編）錦紋噀
血貧財百萬（玉掌記）如噴火主衣錄貴如拂土者至賤掌中生黃家有死
亡青色者貧苦掌中生青多是非色白主寒賤白如玉貴掌白如面起
家成立人瘦掌漏人肥掌厚人大掌大人小掌小小清掌滑人粗掌粗
面大掌大人粗掌軟掌若軟厚紅潤清秀細勻明朗主富貴聰明掌心
黑子智而富黑子手裡多婦少兒掌似燕巢萬傾富饒掌有堆峰主福

厚掌通四起容止君子掌中四畔生橫理者愚而貧四畔豐起而中窪
者富有四畔肉薄而中正者散財掌四方厚中央薄兼有深法益仕宦財
旺安樂手有仰羊行不裝糧十指上如旋螺者榮貴紋漏出指節者破
散十指上紋橫三鈎者貴使奴婢十指上紋橫一鈎者賤被驅使手有
三的約必使奴僕一約為奴走脚或作客又主貧十指二約並通財食
無窮冷如黃水平生多夢陰人媛色如丹到老少逢疾苦高張華蓋平
生福出於眾人尖起三峯限數福生於燒景掌軟如綿主文武雙全也
神相全編 然論掌秘法最要緊者重在五行合格不合格者為主相中論指
頭修長紋秀者貴殊不知土形人取在圓厚重實也如指掌細長者不
合局也相中取指掌肉圓充足者吉殊不知水形人取在紋脈修長瑩
瘦者合格如指大而掌重實者又為不稱之水形即有好處亦不能至
大富貴也論金形人取指掌端方水形人取指掌圓滿火形人取指尖
紅活土形人取指掌厚重木形人取細瘦紋秀反此者皆為不相稱之

局也有等身肥大面圓滿者為水形手薄細而指尖長者又為不稱水局也有等身瘦長面細秀者為水形手厚重者而指粗大者又為水局之不合格也鬼谷先生論

土形人不忌掌之粗厚而無紋也此必眉目英發但貴而主多勞也所以手粗紋粗者亦有貴木形人合木形不局但嫌眉目不秀未得貴雖居白衣亦主安閑之福也所以手之紋細紋秀者亦有俗照膽經

總之觀手之法必要分五形之肥瘦短長合格而細察眉目聲氣之清濁然後定貴賤者無漏矣水鏡集

手忌無文有紋者為上相水鏡集

有掌有紋繁華一世紋大性小有事高聲神相全編

有紋無掌晚年衣祿無欠有掌無紋早歲資財失散玉掌記

紋細而深者吉紋粗而淺者賤水鏡集

心虛者其紋必斷心昧者其理不明然有掌平心平紋正心直紋橫性橫紋淺機淺紋深機深紋多心緒多紋少機關少紋小見小紋大見大紋生斷續易勤易懶紋曲主不忠不直事難成直聳長紋性聰明亂紋作事不顯難知浮紋主輕浮好高事多難成聚紋交鎖心鄙多學少成

勞碌人嫌紋散主失散作事不就吉凶未應起自下而向上作事有成無發吉凶皆應起自高而向下作事性快不成沉滯少通(神相全編)今勞掌內三紋上畫應天象君象父定其貴賤也中畫應人象賢愚辨其貧富也下畫應地象臣子母主其壽夭也三紋瑩淨無紋破者福祿縱理多者性亂而災橫理多者性惡多賤(水鏡集)手有縱理紋者主三公手有橫理紋者主殺害(神相全編)豎理直貫上直百謀百遂亂理散出縱指諸事破散紋細亂絲者聰明美貌(水鏡)

•紋粗如欅木者愚頑貧賤紋如亂剉一世貧苦手紋亂剉合有福祿紋如散祿一身快樂也(神相全編)其有結魚紋◎日羅紋××雙魚紋玉堵紋井金井紋飛針紋雁陣紋偃月紋雲環紋○○○○○○南星見於中宮北斗立於正位禽獸形或作龜紋已上此等異紋皆為貴相九羅生於八卦定為列諸侯一路二路穿過三節乃是歸朝宰相離宮五井必為一品之宮掌心印紋口定主諸侯之位(玉掌記)此紋朝三指上者平生快樂風流此紋在坎宮柳絮絲者積代簪纓富貴此紋合主聰明又為顯官

此名交紋在兩指下主兩處積蓄微子與家異性同居人此兩條紋合主聰明在掌內紋為華蓋星紋此紋似生魚平生手足弟兄和美若魚尾貫指須富卌雙井卌三井富貴凡井紋者多富十此為一字紋手中貫出天庭者大發并主有權有此為金印紋在明堂方正明白者少年登科凸此為玉堦紋堂中在主有科名品此為穿錢紋主富貴田此為棋盤紋在艮宮者心本無事愁腸萬端図交紋印厶象眼印△三角印手手字印女女字印凡印不拘手中部位為人有信自小無非橫之災一生不畏鬼神近高有權柄丨此為沖天紋在掌中為天柱主壽穿過離宮直過指節主富貴此宮名天一貴宮離為官星貴宮坤為福星貴宮五指俱穿為五福俱備過初中末限有此紋不流出者主此限發福隨掌高低斷之一斷一續主一成一敗井此為斷紋在右手為把刀紋不利母左手為執劍紋不利父俗云左斷右不斷骨肉損一半兩手一切斷兄弟不相見是此眼紋在大指名夫子眼主聰明在坤宮為佛眼主孫魁在掌中為道眼主性靈此為金梭紋主得陰人力人此

為三角眼在坎宮為鳳眼主好偷盜女此為花柳眼好淫洛在坤宮為流淚眼
在第二指為青眼近貴在巽為貴索眼主發財人此為蓮花紋在掌中為合
堂蓮花作僧道◇此為棺材紋遂年旋生在艮主官非有紋乃自凸起生不
全者無妨生全者不問前後其年生其年死一片淹滯災撓二片孝服三片
重重災事四片死在旦夕如艮宮掌中黑死期近矣古人云艮上不宜鋪
板掌中曾認宿烏雅坎宮黑者落水死震宮黑者被雷傷兌宮黑脈過艮主
虎傷巽宮黑脈過乾主蛇傷離宮黑脈過坎主見灾神相全編五常紋見投水自
縊結喉紋如覆般︿溺水而死鞭節亂紋而決徙遠方羅網四門而投身健
卒玉掌記来此名繩紋在明堂者主自縊◎此為盤旋紋主自縊如無紋乃黑
脈也兌宮棺材紋有黑脈相冲謂之催死殺必死若有黑紋自立身紋起穿
直二指上節謂黑氣冲天性命過關縱無棺材亦凶○三點相連大好更有
戍字異相○三丫女厭弃用壬手田头化武友○凡手中成一字終身受用
不盡生在身命宫上自身主貴生在父母宫上父母貴生在子宮上子孫貴

生在妻位上妻貴生在兄弟位上兄弟貴但要紋理方正⦶⦶川斷頭紋彡橫庬紋刀刃字紋丁丁字紋井柳梢紋又夜义紋土土字紋火火字紋巛產死紋乃乃字紋血妬妻紋已上犯手中犯一字大凶若是甲破而黃手斜而曲骨粗而色旋逆角紋橫直指者曰廢疾主徒紋剌字軍役自殺自刑十五種凶忌數內有紅潤色及有陰德華蓋紋可折一半乁華蓋紋主聰明神相全編

有寶錢紋者主進貨財有端笏紋插笏紋者文官朝列有龜紋者將相有魚紋者郎官有偃月紋車輪紋者書慶有陰騭紋延壽紋者福祿有田紋者富有十字紋祿有五策紋上貫指者名光萬國有按劍紋加權印者領軍四海凡紋好兼久破者皆為缺陷無成同上總之高低之人俱有者惟三才紋在於腹中胎氣成形自上至下第一紋居火為天紋主根基第二紋居土為地紋主財祿第三紋居明堂為人紋主福德於三限中取三限上紋若三限上無紋於壽紋上取壽紋壽紋上無紋三才上取三才紋更奠而參之庶得其真矣同上然掌有八卦亦要推詳乾宮高聳生長子之權豪坎位高堆受前人之

庇蔭艮宮尅陷損子父於初年震上高朝置田宅於一生巽宮散亂多為游蕩之流離位突高必作功名之士神宮帶破招兇女以凋零兌位有傷定夫之鰥寡記玉掌細究乾宮為天門為父居戌亥屬金濃肥者子貴坎為海門為根基居子丑屬水肥濃者主貴如低陷紋中沖防水厄倘坎宮有紋如絲穿見成鐵基發或紋開三股主三處住場不然離祖斷續者承接他人根基若紋自坎宮不斷直上者手根而起平地發福白手成家艮為田宅為墳墓居丑寅屬土有飛針少兄弟即有亦有分離若艮宮生一紋直上者受祖考之福蔭震為妻妾為立身居卯屬木低陷者尅妻若震宮有紋主招性急多口之妻不然有疾能主家旺財物女人震宮高厚軟而紅潤有穿錢劍印紋主奪夫子權柄必發大福低陷紋流不可主財仍主刑夫尅子難為骨肉巽為財帛為祿馬居辰巳屬木低陷者紋破主貧若高峯者財旺初年發福若離宮有井紋名關鎖或印第三大紋不出指者主性慳吝可主財離為龍虎為官祿居午屬火不宜破陷一峯高大主高官重祿中顯達坤為福德為父母

居未申屬土陷而亂紋尅兒女損毋一峯峻者有福德終吉如坤宮有十字
紋者平生得橫財陰貴扶助坤兑宮有女字可得陰人財物掌中有女字端
正因女成家兑為奴婢為子息居酉屬金低陷紋破主子僕壽短掌中央為
明堂五黄之宮主目下之吉凶神相全編巽為初主離為中主坤為末主各二十
五年看何宮豐滿則財旺若缺陷則有成敗掌肉分四時之氣春潤夏溫秋
清冬燥得其正必清高設夏燥冬溫必貧賤愚痴也上同掌有紫色眼下亦有
之必須同參青主驚憂赤主官事白主孝服黑主病厄黄主喜慶青應正五九月
寅午戌日赤應二六十月亥卯未日黑應三七十一月申子辰日白應四八十二月巳酉丑日黄應三六九十二月辰戌丑
未日色淡事已過色濃事未來黑色看起何部若田宅部上起則因田宅為
訟其餘以意推之再考手背之紋五者皆近於上兩節謂之龍紋主為天子
之師下節為公侯中節為使相無名指者主卿監小指者小朝郎大指者主
巨富手背五指背有橫紋旋繞者主封侯生立理貫者主拜將相手背食指
之本亦謂之明堂有異紋黑子者主財藝高貴若成飛禽字體者為清顯之

貴大指本有橫紋者為之空谷紋至裕無所不納主大富有繞腕紋周旋不斷者謂之玉釧紋主人敬愛一紋二紋者主朝暮之榮三紋仰上者主翰苑之貴男女皆同其紋雖得周匝若斷絕不匝乃取證無驗矣（萬金相）手背筋露肉堅為人辛勤筋藏肉積直實多財（五總龜）背黑掌白者富背白掌黑者貧一般色斯為上相肉厚一寸家積千金（神相全編）人長手背短一生不成器也（柳莊相）

次論指甲為筋之餘（內經）志之主（諸相書）乃肝所出胆所附也（神相全編）堅而大者志高膽大（麻衣相）堅而厚者老壽無疆（水鏡集）甲堅心高多貧賤（柳莊相）硬則性剛而作事風火（五總龜）粗者愚鈍（神相全編）甲厚者壽算延長（玉掌記）短而軟者志弱膽小（萬金相）甲軟者臨事懶惰立身窮寒多學少成有始無終（神相全編）甲薄者命年短促（麻衣）甲尖者小智（神相全編）甲破者（即碎裂）無成（玉掌記）纖而長者聰明（神相全編）甲朝外者主孤（柳莊相）缺而落者病弱（一主刑尅）摺甲皮乾肉枯主命孤而夭（玉掌記）甲滋潤則財穀豐盈（同上）色黃而瑩者貴色黑而薄者賤色青而瑩者忠良之性色白淨者閑逸之情甲如豚瓦必作大富（神相全編）甲如銅瓦脫酒心神（玉掌記）又云如

鍾[illegible]者伎巧如銅葉者無榮如半月者快樂神相全編似瓜皮者沉昏神氣玉掌記
如板尾者惇重如尖鋒者聰俊如皺石者則主愚下也神相全編

足圖

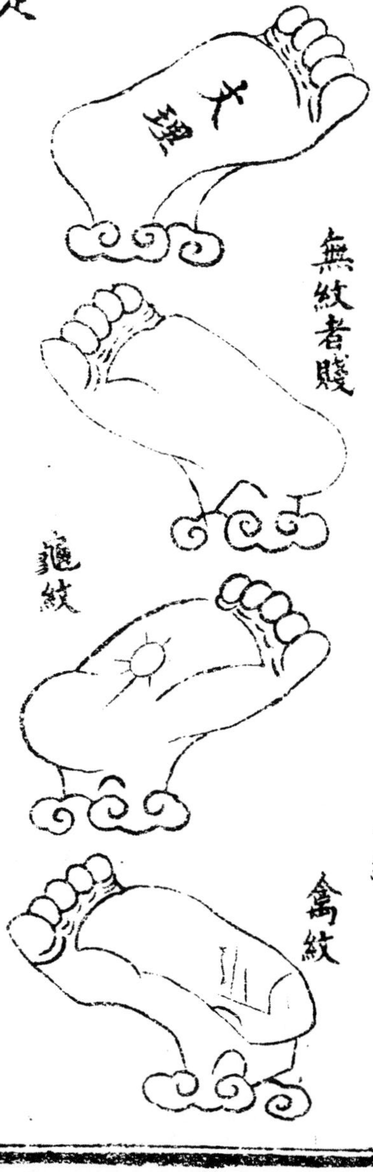

足

足欲方而廣正而長膩而軟富貴之相也不欲側而薄横而短粗而硬乃貧賤之相也小而厚主富大而薄主賤厚而横主貧故足厚四方者巨萬之富足厚四寸者大祿身榮厚而正主閑樂官榮足下有黑子者食祿脚下成跟者福及子孫神相全編脚根不着地貴盡田園而走他鄉神異賦脚跟削小主後代

不如若血紅潤稍可男子鴨腳愚下之輩女人鴨腳娘婆之徒腳下貧如板者貧愚（袁柳莊相）腳下可容龜者富貴一主三公封侯（神相全編）足指纖長者忠良貴顯足指端齊者豪邁之賢（水鏡集）足薄指長沒兒郎（神相全編）獨中指長客死他鄉足指短足心陷足多骨三者俱主貧賤（柳莊相）足排三指兩者之權足下三痣九州之權（水鏡集）腳心黑紫祿至二千石通心達理三公剌史之位腳下理長位至公王腳下旋紋令譽千里（神相全編）足下有紋大旺子孫無紋理者下賤腳下有龜理紋主一世清明（水鏡集）一主二千石祿位（神相全編）腳下三紋主公王將相（同上）足下禽紋主八位之職足下五指有篆紋上達者兩府使相足下有十字一策紋上達者六曹侍郎足下有紋如錦繡者食祿萬鍾足下有紋如花樹者積財無數足下有紋如剪刀者藏鏹巨萬足下有紋如人形者貴歷千官有三策紋者福而祿有螺紋者富而貴兩小指皆有謂之十螺紋主性鄙悋十指皆無紋者多破敗矣（麻衣相）總之足底之紋宜直不宜橫宜雙不宜交亂如亂多刑子孫亦遲也（柳莊相）

○頸項（一身部位尺寸數詳內景類編）

肥人項欲短瘦人項欲長反此貧賤者夭水鏡集富者必豐圓堅實貴者必光潤不隆項後豐起者富項後有皮如絛者長壽短方主福祿細長主貧賤頸梟而斜主弱苦曲如蛇頸毒而貧神相全編頸斑不潔多滯頸不勝頭貧夭頸勢前臨者性和而吉頸勢偃後者性弱而凶水鏡有頭無項三十前亡瘦人項短三十難逃肥人項短四九難過項圓頭小頭偏頸削主一生不成事如項再不圓主少年死項皮乾枯少年窮老年死項下起骨節者主夭又主外家破耗袁柳莊相頸有鎖喉鬚者凶亡水鏡項內髮肉拳螺者主大發財項肉髮肉如堆者主招凶項上生背肉如堆項後髮腳旋生高肉如堆眼深髮黃三者俱主犯人命柳莊相項有結喉者貧滯多災瘦人結喉主迍邅肥人結喉招橫禍水鏡集肥人結喉浪死他州柳莊相結喉露齒骨肉分離神異賦婦人主無子剋夫神相全編男女結喉昏主惡夢也柳莊相

○肩背

肩要平厚背喜潤長肩闊而方諸事亨通肩闊臂尖老無結果鳶肩者騰達

必速平滿者名播四方塌肩者諸事不成肩寒者身無居止左肩高白手大富右肩高大貧大苦（水鏡集）男子無肩到老貧寒女子無肩至老營昌（識人賦）背潤平豐主多福豐厚突起福旺子多背骨隆起如伏龜壯者二千石祿方長主有智福圓厚如圓扇者貴如三甲者貴壽（神相全編）背如有負者大貴（袁天罡）前見似仰而後見似附而前者不貴即富若背狹偏陷主貧災斜薄窪下主貧寒孤獨傴短主無識而賤（神相全編）胸凸背凹不窮則夭也（水鏡集）

○腰臍

腰宜端直潤厚乃主福祿綿綿倘若狹薄陷偏必是卑賤之相是以短薄則多成多敗長廣則福祿無窮直厚富貴薄細賤貧凹陷主窮裊曲貪色腰背兩全福壽俱全（柳相全編）臀皮焦黑恐防病死腰生疊肉發財延年（老祖）有背無腰初發平平有腰無背初困後亨（水鏡集）但於橫發多憂疑也（神相全編）臍要平圓若臍高腰陷早貧後享腰高臍陷初享後貧少年無臍凡事難成老來無臍妻子俱刑肥人無臍有妻無子瘦人無臍多學少成體長無臍老無結果臍開腹大諸事可成身短無臍難言發達女若臍反必為賤人（水鏡集）胸露臍高乃

家業散而壽源少也（太九真人書）

○胸乳心

〔胸〕欲平長濶厚主有智高福祿平濶如底主英豪胸濶而長財易積又曰主得公王胸狭而長謀難成骨肉平匀智且仁若突短狭薄主貧胸能覆身富貴胸短於面貧賤突然而起愚下窪然而起貧窮狭窄如堆者頑鈍骨起如柴者貧苦凹落如槽者窮孝骨肉高低者愚狠胸中黑子者為兵萬里男昂則愚女昂則淫（神相全編）〔乳〕欲濶黑垂墜忌狭白細曲濶尺二者至貴一尺者次貴乳頭大者賢而多子小者無子而弱（上同）乳破小子息難成白不起難言子息（柳莊相）曰而黄者主賤乏嗣（神相全編）乳頭不黑黔貧（西岳先生）乳頭曲者難養兒乳頭狭者易貧賤細如懸鍼者無財頭仰者子如玉頭低者兒如泥頭壯大方福壽兒貴榮如爛椹貴而多子（神相全編）薄而無肉衣食不足實而有肉財帛豐隆乳頭生毛多藏見解乳頭黑子必生貴子（水鏡集）〔心〕欲寛平博厚不欲坑陷窄狭寛博智慮深象平濶者榮祿窄狭愚知淺坑陷偏側貧弱夭心頭生毛其

性心頭凹骨脚註 諸善則福生惡則禍纏神相全編

○腹臍

腹欲圓長厚堅勢欲垂下皮欲厚清秀腹圓何下者富貴長壽神相全編小而下大者家中大富大垂下者有名許負腹墜而垂智合天機腹過上者主々上而短飯不滿碗腹如抱兒四方闊知皮厚者少病而貴皮薄者多神相全編腹有三甲背有三千主大富許負腰腹起一筋橫主貴直主貧亦若為次男女皆同柳莊相臍深闊者智而有福何上亦主福智神相全編高者無限大能容李名播四海水鏡集臍深而腰偏者多有邪淫柳莊相淺窄者愚薄何下者貧愚低者愚慮遠凸而出淺而小非善之相神相全編又云腹臍突出壽命早卒許負男人臍淺豈無衣祿女子臍淺決不生子所以婦人有臍深一分者主特一子深半寸者主得五子大方好小亦難留知々有毫生子必秀而美也柳莊相

行

龍行虎步至貴鵝行鴨步豪富鶴行聰明鵝行則主公卿水鏡集鼠行多疑牛行巨富蛇行性毒天雀行食不足鵲行孤獨龜行壽栢神相全編文主聰明許負馬行辛苦神相全編鹿行亦然許負

貴人之行如水流下而體本不搖小人之行如火炎上身輕脚重行不欲昂首而脚不欲側身不欲折脚高則亢太早則嚮太急則暴太緩則遲周旋不失其節進退各中其度者至貴也脚忌折頭忌低發足欲急進身欲直起步欲濶俯然不住不礙滯者貴相也脚根不至地主貧而大發足如奔散走他鄉行步沉重榮貴行步輕飄貧賤行步趨越聰明行步跳躍孤獨行不低昂富貴神相全編行步即與回頭左轉有官職右轉無官無衣食許負立定先舉左足者貴右者賤凡行步低頭多思慮自言自語主貧賤行時一跬步而一俯一仰者主賤同上行似龍騰此相超羣體志呂純陽狼行虎吻機深心事難明神異賦頭

先過步初妨晚貧

坐

行動屬陽坐靜屬陰（水鏡集）坐如山據者貴（玉管訣）坐如釘石者貴反身轉首入坐如狗不端不正貪薄之相搖膝者主財散（神相全編）

卧

卧安靜者主福壽如狗蟠為上相如龍曲主貴愛側卧者吉壽少睡者神清而貴易覺者聰明端慤調勻者壽長（神相全編）睡後氣從耳出貴則無疑（神眼經）睡而口開者短命眼開者惡死道路夢中咬牙者兵死亂語者賤（神相全編）卧中切齒剋妻害子卧中大狂叫主遭惡人死卧中吹火少年主刑死老來不善終卧中嘆氣決非吉兆（袁柳莊相）卧中氣吼者愚而易死仰形如屍者苦夭合面覆卧主餓死就床便困主頑賤多晨轉性亂多睡者神濁而賤（神相全編）老來多睡主死少年多睡主愚常人伏卧主死病人伏卧主生（柳莊相）難醒者愚頑出氣多入氣少者短命氣出噓噓之聲即死若睡中輕搖未嘗安席者下相也（全編）

食

虎食將師之權猴食使相之位（神相全編）牛嚼福祿（五總龜）羊食尊榮鼠食餓死馬食賤貧（神相全編）

食欲快而不欲留（神相全編）欲詳而不欲暴嚥不欲聲吞不欲鳴（張紫菱）所以舉物欲徐而有序嚼物欲寬而有容下手欲緩發口欲急坐欲端莊首欲平正急而不暴遲而不緩應節者為貴含物不欲語嚼物不欲怒（神相全編）食急易肥食遲易瘦食少而肥者性寬食多而瘦者性亂（水鏡集）食急性暴（五總龜）食緩性和（神相全編）仰首含物寒賤（水鏡）如食而啄者貧窮（五總龜）斂口食純和口食不義食而齒出者辛苦命短（神相全編）食而淋落者餓死路岐（五總龜）嚼在舌頭一生寒苦邊食邊顧終身窮苦食時哽咽作沃沃之聲主蹇滯（神相全編）

形

獸形多富禽形多貴龍形隱隱虎形步闊頭藏猴形睛圓黃耳鼻俱小

頭小性快不定一時主財祿壽難言老後之兒兕形性癡多自怯眼正鼻露鳳形項長肩圓身直女得此亦貴牛形舌唇齊鼻大面長身闊主一世安逸有錢鳳形眼秀牛形睛圓此乃一陰一陽之大貴格也柳莊相

土形一瘦即死金形一肥難生水形忌嫌土剋金形準紅多迍似木不木難貴似金不金難榮似水不水反好似土不土安榮五行切忌犯剋生扶可以為榮同上

金形人必端方眉目清秀耳正面方唇齒得配手端小而方腰腹圓正色白清氣者為正金逢厚土足寶足珍而事隨心願準頭三陽不宜帶赤若土內埋金之相主多災難輕則破家重則死亡所忌火旺煞氣清色冷又宜微火為寒金遇火煉方成大用金形帶木斲削方成初主蹇滯末主超群金形要帶黃忌紅此氣色之生剋也金形為義主方得其五方氣色不雜精神不亂動止規模坐久而重也神相全編水鏡集合摘

木形人必瘦直節堅目秀鬚清唇紅紋細體長挺直腰瘦圓滿手紋細潤方

為梁棟頭面骨瘦鼻直目長眉背挺直色青者為正如兼偏削枯薄浮肉浮筋露骨露項者大忌木水相資富而且貴文學英華出塵之器木形宜帶些些之火為木火通明之象木形多金一身剝削父母早刑妻子不成若上赤金紅不宜所用些須帶金還是求名之客木形要青喜帶黑忌白此氣色之生剋也木形為仁主長得其五長氣色不雜精氣不亂動止溫柔涉久而清也（神相全編水鏡柳莊合摘）

水形人必圓肥肉重骨輕黑潤面圓後看如伏面觀如仰腹圓臀圓指掌肥圓耳目口鼻皆兼肥圓者為正切忌氣粗色暗骨露肉浮皮白如粉倘色紅無髮皮骨肉冷皆主無子水得金生名利雙成智圓行方明達果毅水形遇土忽破家財疾苦連年終身迍邅水形要黑喜兼白忌黃此氣色之生尅也水形為智主圓得其五圓氣色不雜精神不亂動止寬容行久而輕也（神相全編水鏡柳莊合摘）

火形人必上尖下闊行動躁急面紅鬚少鼻目口齒皆露耳高尖反頭長而

尖顴髮赤而少聲音焦烈者為正主聰明氣色光彩紅潤發家極遠但貴在武職富不能萬金火形少子如財星方高者可許一二火局遇木蔦眉騰上三十為卿功名蓋世火形水性兩不相並剋破妻兒錢則無剌火形忌口大為水剋火也火形要紅喜兼青忌黑此氣色之生剋也火形為禮主明得其五露氣色不雜精神不亂動止敦厚卧久而安也神相全編水鏡合摘土形人必厚重骨重肉實頭面厚大鼻準豐隆口闊唇厚顴豐腰背如龜聲重手足皆厚頭圓項短氣魄廣大色黃明者為正如肉薄骨露神昏色滯氣暗者乃土形不得土格土性不貧則賤矣土漆離火戊己丙丁愈暖愈佳其道生成土逢重木作事無成若非夭折家道伶仃何土形要黃喜兼紅忌青此氣色之生剋也形為性主厚得其五厚氣色不雜精神不亂動止敦麗處久而靜也同上

富

富貴壽夭各類已詳形剋災死諸門俱載可不必重論矣然相士臨期猶恐模糊不決所以再撮其精微重贅數篇綱領以附於後亦為後學

之一助云耳

凡富相必形厚神安氣清聲揚眉闊耳厚唇紅鼻直面方背厚腰正皮滑腹垂牛齒鵝行等象設或頭皮寬大面黑身白鼻如懸胆或截筒耳大貼肉背聳三山聲如遠鐘背闊胷平腹大垂下者為大富若三停平等五岳朝歸五長五短五露眼丹鳳聲似鐘者為次皆財旺福厚之相也更有手背厚行立坐食端正及精神秀異舉止沉重者亦主富（神相全編）

貴

凡貴相必面黑身白面粗身細面短眼長脚短手長身小聲大不臭而香等象設或如虎頭燕頷日月角起伏犀貫頂口容拳舌至準眼有定睛虎步龍行雙鳳眼者為大貴若鬚如鐵線耳白過面眼如漆點上長下短口如四字三十六牙者為次更有小貴之相如天庭高聳地閣方圓溲珠便方齒白而大眉疎目秀口如弓角唇如硃紅等形（神相全編）

壽

問壽七法如眉高長耳厚大年壽豐潤人中深闊齒堅固聲音遠震神足此外又有顴骨重貫耳項下有皮如條（一條主壽雙條同身偕老）喉音高遶息顴骨相連入耳後骨高豐年壽不陷耳後骨豐起腦後三玉枕如菓栗鼻梁隆起五嶽豐法令明眉有長毫額有橫骨面皮寬厚聲音清響耳有長毫背厚胸闊此皆壽相也年高房事多亦主壽兼子貴（神相全編 柳莊相摘）

夭

肉重無骨兩目無神耳低小筋骨柔弱身長面短無神氣面皮繃急背負坑陷桃花面色面色如醉者皆夭相也（神相全編）其有少年垂頭為天柱傾兩目自小無光不滿三十頭大頂尖皮乾四九之年鼻無梁三九之年雙目如泥二十五如何可過眉如鬬雞四十歲難免身亡羅計月孛交加三十防頭羅計日月交增三十左右為僧不然即夭身大聲不響三十外當心身肥氣不完四十外難過眼露鼻無梁三十八死髮黃如粗草三十外亡身因血火光明壽期四九髮長頭眼無神四九須防其有一面俱好而夭者必神不足精神

太壯氣不勻不能長生（柳莊相）

高味卿曰長壽有三繇一日放生二日快樂三日誦經觀善書云欲增已壽光須放生故長命得生長生長大此四者皆放字中來也（生字上犯者乃殺與傷）若欲天為壽禍轉福莫如戒殺放生如疑而不信可將慈心寶鑒萬善先資好生錄衛生集諸書細看便知也石天基拜求田老如何得此高壽老曰我法最簡最易但世人不肯心服心之願欲若要滿足何能得遂只須自己假設境界則心中快樂不已我自有假設三條云今只無災無病得此康寧即自以為天上神仙快樂極矣今只蔬飯布服得此飽暖即自以為玉食錦衣快樂極矣今只茅屋竹籬得此安住即自以為蓬萊閬苑快樂極矣觀此三條即是心滿意足壽由此而延長福由此而加添病郤身安得效最速（細詳在其傳家寶）誦經剛經壽至百餘歲者見信心錄三書得其一俱可長壽何必依相書而執斷耶

刑剋

刑剋

左角偏損父右角偏損母人倫大統賦二處有痕疤露齒結喉損父陰風重損母神相全編父病日角暗重一明即死暗輕一明即生白如點雪即死黑若烟蒙父喪傷及自身氣來紅潤旬日災輕月色青暗主母病貢白赤色必刑傷紅輕紫重母方安明潤不滯母無病柳莊相

凡刑剋兄弟必眉內多赤色白如粟米黃若白塵或準上一點白光或鬢內生暗色者是也柳莊相

凡剋妻必眉重壓眼山根限眉中有痣左目小眼尾紋神相全編及羅漢相判官形三尖六削奸門深鬚多鼻小髮鬚長無索天倉陷等相柳莊相若左眼下角神光之位青色者主七旬內損妻子有黑子主生離結喉露齒面如麵袋主剋妻害子魚尾枯陷剋頭妻羊紋一紋剋一妻二紋下低剋三妻眼尾三紋額骨凸露山根橫紋華蓋骨重眼尾紋長魚尾枯山根痣斑麻俱主剋三妻神相全編天倉無缺為閱庫紋剋五妻柳莊相凡妻妾有病部位看魚尾氣色在臥蠶妻看左妾看右青暗不死白潤不死紅紫即愈赤色有刑白如枯骨即死臥

蠶生黑妻即死若奸門白卧蠶不黑決不刑傷妻妾（同上）

凡剋子如眼下淚痕人中斜側耳無輪廓山根折斷人中高尖有背無脊頭低步緩狼虎之聲等相若三陰三陽疤痕及紋痣鼻如界方鼻梁劍脊骨見地閣有虧陰氣大重主有女無男也（神相全編）設或判宫形羅漢形回回鼻獅子鼻眼陷成坑卧蠶低暗蠹肉生獨顴生面獨鼻孤峯眉踈鬢踈華蓋顴華蓋眉頭大而尖頭尖額削睛黄髮赤面大鼻小乳頭白小乳頭不起額上三紋鼻上生紋口角紋多面色如粉陽上無毛陽毛逆生陽囊無紋光華白粉肉重如泥肉浮又輭肉滑如綿肉多骨弱血不華色面似橘皮人中淺短一身無毛骨冷精寒全身肉冷皮血枯焦内宫聲音内宫形像蛇皮蛇眼雷公嘴馬面龍眼鼠目雉睛猢猻腮鷹腮蛇行骨（手骨）圓三關無脉臂脉不起水形有髮木形有髮犯此一件者難言子息其有鬚分燕尾鬚直無索無鬚卧蠶低暗乳頭朝下蠹肉朝下眉毫翹上鬚多無髮一面皺紋眼下生毫犯此一件者主無子送終也（俱柳莊相）凡子女病須看卧蠶子看左女看右黑者主死卧蠶陰

德明潤不妨枯者死黑黃者死青重者生白起三陰三陽主剋子臥蠶雖黑
奸門若明決不刑子同上
孤相如骨重眉交眉濃鬢髮厚冬天汗耳反華蓋重骨體響聲焦聲如雷腋御指抱真
氣地閣虧小來額骨生峯口角低眉如八字未到頭先進山根斷魚尾枯陷色帶
桃花等象神相全編老來髮轉黑生齒雖主壽然必剋子刑孫乃大孤獨相也柳莊相

高味卿曰刑剋大端惟剋子為最重剋之不休必致絕嗣按絕嗣之由善書
中載及淫室女者得絕嗣報若心正為善不犯諸忌相雖乏嗣亦可挽回也
細讀袁了凡立命篇便知

災厄

山根赤七日之憂天羅紋在額上數十條防火災瘡生眉毛終年必遭火災神相全編
倘焦髮赤鬚眉散鬢禿火眼焦聲準頭赤裏鼻黑眼胞上無有睫毛此
五者亦主火厄大清神鑑又有火中傷命者如耳口鼻竅氣如烟煤冲出天倉地

庫四門起霧不犯天誅必遭火死萬金相
額上忽如塵汚五十日內防墜井亡名曰橫殃休廢眉間黑子初年水厄之憂口角黑靨末防水厄魚尾中痣人中交紋皆主水厄神相全編
年壽如泥耳生塵須防災疾又云自病看年壽三陰三陽命門耳前命宮山根上準頭見赤色主大病時災年壽青三陽白肚腹之災年壽赤光膿血之災印堂明年壽暗下元之疾柳莊相
凡人斜視偷覷不正冷笑無情視上顧下妄說太急牙齒踈鼻尖毫出眼細視低口角高低步不勻走高低或橫縱者皆主詐口尖唇薄者多妄嘴尖鼻勾眉卓者多貪鼻鷹嘴眼紅者貪而心毒此等之相如交朋友相逢者即宜遠絕為妙不然非災即禍至矣俱神相全編
高味鄉曰人之災厄雖相已定然易云積善之家必有餘慶積不善之家必有餘殃能味此從善即能轉禍為福也

死生

現色有死有不死其不死有治法皆詳於內景類編四診察色門

天庭黑山根青竹衣生兩耳鬚髮似鐵條眼光流射出身死在三朝甲黑主十日棺材紋見朝病暮死掌心一暗（忌春夏及成作）即刻身亡（永樂百問在柳莊相）凡病人死氣色共七種如山根枯耳輪焦命門暗口角青及黃準頭深黑神泛精浮黑遶太陽（如鵝眼主生色散亦主生）等類若三陰三陽結黑肉陷無氣即無病其壽不久顴骨青大難來臨面色明亮忽然眼垂下視主死肉浮氣冷主重病乾韻主死一身血氣不光華一年之內皮血滯如泥不亮半載之間四壁如烟起赤光須防二七年壽三陽見赤色旬日身亡白發印堂黃發口一七殞命老人滿面黃光現七日難逃少者青來口角邊一月之數三陽如靛死期甚速準頭不潤無病也亡凡人氣色常暗一日光明死期至矣常明忽暗死亦至矣少年神散即死常人耳暗三年耳乾枯二年頭皮乾一年老即死少年耳乾暗主大窮敗中年耳枯主無運不可一例斷也又有氣色俱不明不暗皮肉一乾項皮一縐即死唇青舌黑如紫肝十病九死諸色有生獨喉上起一赤色或一黑色即死朝發暮應暮發朝應如掌心血明方言有救（俱柳莊）

卒死之相如赤脉貫睛眼如血睛黃眉卓如刀眉生逆毛鼻露梁面黑常怒者是也（神相全編）倘行步筋不束骨脈不制肉起立傾倚若無手足為鬼躁之相魂不守宅血不華色精爽烟浮容若槁木為鬼幽之相此管輅斷鄧颺何晏速死之相也（三國志）

膜外無光膜內明徹準頭一明命門印堂一亮不日身安準頭嫩黃翠綠色現災厄遠退兩目神靜神安不日病痊年壽光明還須有救耳輪帶赤萬事無憂（柳莊相）設病人眼有神氣（氣脫死）天柱正（目低項下死）目活瘦而不枯悴（肥而無血死）有喜容（悲啼死）色正舌濡唇（燥死）風而口禁（口閉死）神光黃明（暗啞死）黑氣如聲（聚者死）蓋黃紅如雲氣息（生氣短者死）而生語聲響滑（短澁死）人中潤澤（干枯死）等象有一者俱主生也（神相全編）

小兒疾病看氣色在山根年壽次看命門口唇有青色五日死有黃色三日死人中黑休望再活印堂赤難許退災天倉赤不是好色地閣黃主死無疑若散光唇多青黑即刻身亡倘命門人中白印堂黃天食退赤口唇白旬日得生凡麻症看耳尻耳輪耳珠宜明忌黑暗若頭一赤不得全生設痘疹頭

皮項皮一赤主十有九死也（柳莊相）

相分清古秀怪端異嫩

清者如漢高祖隆準龍顏唐太宗龍鳳之姿天日之表李珏月角庭珠是也古者如老子身如喬木孔子面如濛淇閣天面無見脣是月秀者如張良美如婦人陳平潔如冠玉是也怪者如唐盧杞鬼貌青色龍唇豹首趙方眼趕地觀天谷谷子露齒結喉是也端者如皋陶色如削瓜李白形自秀曜張飛環眼虎鬚是也異者如堯眉八彩舜目重瞳大禹參漏文王四乳倉聖四目李嶠龜息是也嫩者如顏淵山庭日角岑文本眉過目肉不稱骨是也（神相全編）

女（凡相婦人須無意中相之令行數十步看而決之）

南方婦貞額廣須平北方婦貞五嶽平正東婦貞潔瞻視柔順西婦貞潔神清氣靜賤識人南婦淫赤脈貫睛北婦淫棕鬢斜行東婦淫笑坐不停西婦淫顴面不平（同上）面大婦人多不孝睛圓女子必妨姑面上忌痣天倉生痣主四子唇白壽夭又主無子又主病（俱柳莊相）唇紫剋夫並傷長

子（神相全編）（兩夫少子）唇青無子兼促天年鼠牙刑夫剋子面黃好色貪歡唇紅多子齒白多淫齒朝外主刑傷如朝內主孤獨下唇包上主口舌上唇包下為雷公嘴主無子不賢（柳莊相）口小聰慧智良（識人賦）頭圓主有好子面黑身白者主賤面斑身青者亦然（柳莊相）女背若圓必嫁秀士（水鏡集）頭低鼻小難作正妻（神相全編）顴高手大骨粗能作生涯掌細紋主多子手起骨節一生辛苦又主賤（柳莊）手如老薑身必貴（秋潭月論女人）女手竹竿鎗福祿至無纏（神相全編）無指甲下賤多汗一生勞苦無汗無子汗香子貴汗濁子賤（柳莊相）總之性定終身成敗眼主貴賤兩端鼻主夫星口管子息眉為壽算（是極）細亦壯夫語主行為也分貴賤然三從四德之賢能免五刑十敗之惡也（神相全編）

平素不與人爭競苦難中無怨言節飲食聞事不驚喜能尊敬此為四德主有貴子之榮若行步端正面圓體厚五官俱正三才相配不泛言語容貌嚴整坐眼俱正此名七賢主夫明子秀（柳莊相）

富相如耳漫掌紅潤懸壁正目美性寬腮滿額闊人中長食倉滿蠶囊平四倉俱滿蘭尉分明井竈平廚匱滿酒池地閣闊鵝鴨豐王霞明之類是也靈臺秘訣

貴相如威厚聲和耳厚白鬢烏潤眉削項長目神視正人中分明腮顴隱隱平平額圓耳白懸壁端正唇紅齒白骨肉相輔手纖鼻狹峻直等之類是也靈臺秘訣

貞相如瞻視分明剛柔有力觀壽隱顯有勢法令深目神澄黑白分明嬌而有威行緩步輕身正性柔耳厚額圓鼻直髮踈潤而光聲清嚴而不散笑藏齒無肩有背眉如新月手似乾薑之類是也靈臺秘訣

惡相如口高唇露聲散髮黃鼻促竅露目深鼻曲骨橫鼻節面色黃髮粗體硬項短等之類是也靈臺秘訣然顴骨高於眼角上者亦主打夫柳莊

壽相如額擁肉滿壽帶長人中深項額有力目神黑白分明法令過口項有雙條腹垂皮寬耳慢年壽者是也靈臺秘訣

夭相如蠅面頰高眉壓目人中短耳窄目神怒低頭睛無光口尖口邊黑齒露者是也同上

無子相如無眉不立（即不生子）聲破不立三十前髮雙目深陷鼻陷梁低雷公吹火臍小淺凸股肱無包髮不滿尺腰圓三圍乳頭不起肉浮血滯肉重如泥一面滯色皮薄骨細肉多骨少三陽如墨無腹無臀面尖耳小有顴無腮地大天小形類男人唇白舌青（多疾病）陰陽混雜（目之黑白不分）等類（共三十四種）乃貧苦之格難言夫星子息子相柳莊

然乳頭白人中平眼下無肉髮粗黃昂頭額高唇掀亦主無子五總龜

剋夫相如面長額長額方面大耳小耳反頭仰露臀面上毛重骨露身粗性剛捲髮露背髮焦頭尖唇缺唇紫唇掀白過上唇顴高起峰天中豎紋眼下肉枯眼下羅紋三拳面懸針紋山根斷男相額側露齒者是也又有男聲逆眉顴峰頭橫紋理者此三夫不已之相也神相全編若黃髮赤睛黃睛額有旋螺額高面陷少年髮落骨硬皮急耳反無輪面滯如泥地闊偏斜項露骨節聲大如雷性急如火神濁氣粗天大地小白氣如粉年壽起節肉冷如冰粗骨

手大眉背偏斜眼大睛圓喉結齒大髮硬骨硬夜睡多呼嘴如吹火鼻肉生毛骨起腮高命門骨高如雲母色如鵝面之類亦主刑傷也柳莊相

賤相犯者多淫有七十二件如兩眼浮光桃花之面皮白如粉血不華色肉輭如綿皮滑如油面多斑點眼角低垂未語先笑搖手擺頭頭帶兩削面前兩陷面肉堆浮眼露白睛嘴唇自動口角生紋鵝行鴨步側目垂頭斜視偷覷自言自語豚蹄胸高腰細肩寒臍凸近下乳頭白下皮縐如紗面大鼻小額尖腳搖齒白如玉唇白不厚唇青如靛一步三搖一語三斷笑若馬嘶語言泛雜頭大無髮鶴腿蠻腰行如雀步談笑頻阻豬臀無腮見人掩面身如風柳陰戶無毛獐頭鼠耳縮頭紳舌托腮吹指陰毛如草長面圓睛剔齒弄衣嘆氣伸腰陰戶生下頭先過步回頭頻顧坐不安穩腿上生毛舌尖唇掀舉止癡迷站立偏斜額廣鬢深鼠齒鬼牙性情多變如馬換蹄長身短頂鼻仰朝天眼閉眉蹙蛇行鼠餐項細肩寒指短腰偏飲食無盡無事自驚頭偏頭窄背陷腹小睡夢長啼等之類是也柳莊相

然又有面仰上唇生黑子五總龜

眼光口闊神異賦魚尾奸門黑子眉生雙靨人中兩曲眼中有痣遶口青面皮青桃花眼水眼者亦主淫相也神相全編

孕男女並參

妻孕看左奸門妾孕看右奸門次推臥蠶紅紫則為男顴骨紅赤生男準紅即紅亦主男婦人左耳厚時必生男婦人左青主男氣青氣青唇黑準頭肉瘦手腳不浮生男婦人三陽微紅黃光潤澤者生男男人臥蠶黃生女三陰三陽青生女面無紅色主女婦人右耳厚時主女左紅主女婦人氣重色豔腳浮主女三陰三陽清潤黃光者主生貴女孕婦掌中青紅生男黑白生女左腳先舉為男右腳先舉為女色明豔易生色枯槁難產面赤黑有產厄面黃平安唇紅無產厄如將產陰陽俱帶黑色晦滯全無彩者主喜中有喜恐子毋不全唇青主死若姙婦看命門天庭暗面多青光耳暗如濛唇青口角暗音啞眼無神胎主女恐多產厄之憂須要命門紅紫面目光彩耳有白光聲音清亮產必易而吉臨盆日近看右掌心明潤紅主產男青白主女暗主

重難有損黃光重全母不全子白光全子黑暗青黃子母難全婦人人中雙黑子必雙生人中黑紫生雙子凡胎在腹中或上或下為夭胎或左或右為壽胎貴者胎安賤者多動壽者母安夭者母病看產期孕婦印堂紅明主丙丁日生男準頭黃明主戊己日生男水星口角明主壬癸日生女雙顴明主甲乙日生男天倉下庫明主庚辛日生女生必難產是男不妨倘面上俱暗色不開還有幾日只待何處明方許臨盆忽然一明復一暗必死神相全編與柳莊相同摘

小兒

兒之易養者初生叫聲連延主壽管輅一連四五聲不換氣者大富啼叫身動麻衣一大來有力自能動頭是能人轉看必貴耳硬必貴柳莊相額有旋毛早貴小高云有旋毛者妨父母神相全編言遲者神定必為重器管輅一主貴神相全編耳後富貴骨名玉枕又名玉環骨高起者壽初生耳門大主富貴壽同上睛大而光衣齊難量管輅聲響者壽好戲耍為神有餘必富貴項下條條主壽而富八歲語響秀而不俗者主富貴神相全編小兒腰闊主有壽柳莊陰如截筒者貴大生妻旨陰

囊皮皺堅實者主富貴（管輅）又有頭腦骨連神足神安氣厚氣寬色藏色秀髮青髮翠骨紫骨青肉堅肉香眉清眉秀聲清聲遠形厚血旺腹垂背厚唇紅齒瑩鼻直準圓不但易養并主富貴也（大清神鑑）設或初生聲絕復揚者主夭髮稀者主夭身上有汗者主夭肉色浮慢者主夭頸如無骨者主夭頭成四破及啼聲散者皆不成人陰入如無者主夭小便如膏者主夭（管輅）膝小者主夭臍小而低者主夭陽物大主愚蠢肉緊面緊皮緊者皆主夭（神相全編）行早坐早言早齒早皆不成人（管輅）行早即成人者主貧眼大露神者夭（神相全編）顖骨不合者八歲防厄枕骨不成者能言而亡（管輅）玉環平者夭玉環陷如坑不過八歲無輔弼（玉環天庭上也輔骨在髮際）主二七死語弱不好戲耍為神不足主多疾不愛衣服行坐織物語不清者主貧賤口角常有涎為奴婢嚙齒主妨父母開口睡主難養（神相全編）嬰女天庭高顴骨聳聲大睛大眉重性躁主妨母少兄弟又主破家（柳莊相）更有小兒難養日期如頭皮急耳後無根雙目無神無眉齒早肉重如泥骨少腹大肚小等凡種皆主三歲而亡倘頭大項細面大無鼻梁睛如黑豆或圓如

鷄唇薄如紙聲大後小肉多骨輭穀道無紋此七種者乃主一歲中亡若眼如含淚髮黃又疎無脚根三者主二歲死頭尖又薄五五防七大凡小兒生齒一週內生者必奸週外生者大貴五六個月內生者主夭倘上齒先生則主聰明又防尅母也同上

燕山相法論

燕山一書端章石子所著據云傳自石亭先生於吳郡元墓山其全部要旨不過以五行之形分生尅以定吉凶如金形則有埋金其形髮黑細潤頭圖肩方背平膂圖臀圖復收身平臍深直行身長足輕外方正肉微白細軟紅潤是也露金其形方白紅潤外現微紅白色內生柔潤頭微圖肩方背厚微陷腰微直臀微圖腹大身中足微輕是也有色金其形微方多紅白外現浮光內生細白軟滑頭小肩微厚微胸背微厚中陷腰收腹小臀是不配身中行帶軟足重是也無色金其形方白紅潤外無光亮內生潤色細軟紅白頭微圖肩方背微平膂直腹收臀圖身長中行直足輕是也之別如木形則有春木其形瘦秀微白長中最華最豔頭或大小尖偏背薄復小腰或細軟褊薄外現紅白浮光內生黃粗枯色或細軟油滑體輕足重是也夏木其形溫柔瘦微青外無光亮內生潤色頭圖怕小君潤肩方怕衿胸背平怕陷露骨節骨直怕軟臀圖怕尖削腹垂怕不圖胸平怕露骨乳怕瑩尖生毫一二子貴臍深怕仰胸直行足輕是也秋木其形腹瘦身長頭圖髮細黑潤頸中圖肩方不薄不露骨背平不陷膂圖

不收腹收如葫蘆之樣臍深不上仰下坍胷平不露骨脊圓連全體均平直行足輕體凝重貌清奇三才多潤色五宫不透明是也寒木其形瘦或短頭或偏小露骨凝粗黄枯背薄中陷胷仰露骨臍仰下坍腹無或有如之瓜臀收臀尖削陷骨硬身輕瘦療無神行止歪斜坐卧不穩足重是也

別如水形則有清水其形臉微身長中胖頭圓肩方背厚才陷腹潤色四季圓腹收臍深臀圓胷平手足細厚細白細顴潤髮細黑不枯不變指長顴潤體正足輕是也濁水其形微黑微紅身中短胖肉浮骨硬皮麁帶收臀小頭或小偏歪肩厚斜坍背厚中陷腰大腹坐卧有聲尖削手足腿麁短神脊足重是也靜水其形微黑黄色身長中胖頭圓肩方背厚之色足微微陷腰直手足細厚指長顴潤紅黄明潤輕是也動水其形微黑微紅身中短胖頭小偏歪肩厚微坍背厚中陷腹大如瓜手足腿麁短三才無潤色身動足重是也

之別如火形則有炎火其形臉紅潤三才與秋水同是也爐火其形臉紅斑潤人才土宮兩顴三才與夏木同是也石火其形臉紅肩紅二才上三小黙俱現於天人材與春木同是也燈火其形臉帶微黑鮮紅紅絲俱纏於人才上三才與寒木同是也

之別如土形則有山土其形臉秀微黄潤色三才與清水同是也田土其形臉黄潤微黑才與靜水同是也三路土其形臉微黄黑帶枯三才與潤木同是也壁土其形臉微青黑三才與動水同是也

之別形象有兼獨多寡之分生剋有輕重吉凶之異論斷隨時宜忌不一並稱五形之中天下男女成木形七成金水火土者三又成春寒水者七成夏木者二成秋水者一大畧如是石子以為獨得之秘然依此論斷不甚神效茲故摘録於後以備相法之一家云爾

太素脈論相

楊上善立太素脈法微休徵咎比於神盡其斷者如脈形圓淨至數分明謂之清脈形散濇至數糢糊謂之濁質清脈清富貴而多喜質濁脈濁貧賤而多憂質清脈濁外富貴而內貧賤失意處多而得意處少也質濁脈清外貧賤而內富貴得意處多而失意處少也富貴而壽脈清而長貧賤而夭脈濁而促清而促者富貴而夭濁而長者貧賤而壽其要如此特今所行者不能得其神妙故有驗有不驗恐未可奉為金科玉律也附

相字

夫太素不論五宮神格已屬深元然相字之法其理更化而與為吉凶能決富貴可憑如字多穠重而無枯淡之筆者乃上富字多清奇長畫肥大者乃主貴若貧人字多枯淡無精神賤人字多散亂帶空亡百工字多挑趯商賈字多遠邇男子字多開闊婦人字多偪側餘皆濃淡肥瘦斜正分明之類斷之驗訖

凡有多牙缺唇凶痣雀斑等俱能破相貌故余摘選數方附于書尾以便後用之易查耳

取多牙方 本經逢原

玉簪根即白鶴花根乾者一錢 白砒三分 白硇七分 蓬砂三分 威靈仙三分 草烏頭一分半 為末點少許疼處自落

補缺唇方 良朋彙集

麻雀屎胡椒各七粒為末以燒酒調為麻藥搽唇上次將唇割破以龍骨白占為丸搽上用花針穿絲線縫之外將箋片夾住居靜室七日勿笑勿哭每日吃極小湯糰以免開裂

去面上凶痣方 經驗良方

糯米鹵鹼石灰三味等分水調稍傾藥化即點在痣上數次則去盡如欲速加砒石少許

去雀卵斑方 李青崖集來

鮮白鶴花蕊中入鉛粉在飯上蒸透每月取鉛粉搽面以斑點去盡為度

眉毛不生 孫氏集効方

芥菜子半夏等分為末生薑自然汁調搽眉上數次即生

烏髭方 聖濟總錄

針砂八兩米醋浸五日炒畧紅色研末五棓子百藥煎沒石子各二兩訶黎勒皮三兩研末各包先以皂莢水洗髭鬚用米醋打蕎麥麪糊和針砂末敷上荷葉包過一夜次日取去蕎麥糊四味敷之一日洗去髭鬚即黑

烏鬚簡便方

松子肉燈火燒灰研末用指頭搽上即黑甚驗

拔白換黑 便民圖纂

七月七日取百合熟擣用新瓷瓶盛之密封挂門上陰乾百日每拔去白者摻之即生黑者

猴兒上樹法 靜耘齋方

臘後老大茄子一個帶旁切下下片挖孔入舊墨水銀各二錢仍以切落茄片掩之晝用蓆遮夜開受露茄下針刺十餘小孔磁盤盛接流下黑水染鬚永不再白勿染肉上恐洗不去也

長鬚方（古今秘苑）

鹿角尖（二錢鎊細）皂角刺（二錢）牙皂（五錢）橄欖（煅灰存性四兩）酸橘子（一枚取汁）生薑汁（亦取）共二兩四錢以上和勻入磁器內收貯用柳木塞口重湯煮三炷香聽用每日晚間以肥皂水洗淨短鬚上藥擦之天明洗去至四日九日長有尺餘如欲再長則再擦擦時每日食紫衣胡桃一個至二七日食兩個三七日食三箇後做此

𩬊髮（未老即生白髮相間雜者為𩬊髮　普濟方）

大乾柿子五個滾煎茅香湯煎令熟相杞子酒浸焙乾研細等分合和搗研丸如梧桐子大每日空心臨卧煎茅香湯下五六十丸

附

行相訣

察色觀神務欲避凶趨吉聽聲看格惟求後事先知書理精明何難決斷老成煉達定不參差論有七十三家豈宜棄一格有一十八省詎可不分高味卿形貌雖定當明心跡艱難氣色無常全在見情進退投探吐情便用計圖謀利言談更阻須明世俗拿人江湖打要若欲名宏廣交益友不費微鈔那得大財醫說結童僕能招富貴交僧道可以遠行學問不通難引高人入座為人過吝斷無佳客為朋意欲出門須交外友若欲易驗虧處先談性怪凶形善勸不言真妙訣小人惡相能平內毒即經綸悉下人不宜淺淡相婦女切莫輕浮貧若饑寒相念隨伊力量土豪詐掍含糊亦是工夫來人不語為詐為虛答應含糊多更多變拿定本人之異性全在口鋒捉拿邊鬼之須言非憑舌劍斷宜含蓄色有前後之不同語要溫和人有善凶之各別欲使外客近檯自在輕敲响賣若要詐徒遠避先將聲色驚人照先生口述大凡取眾之財只宜小求大得過分累然無益險難何必苦求人事何如為人之道忍默一身受用處世

之法謙和到處可行傳家寶相訣不多全在隨機活變畧括其要須知偶反無
窮人貌多端相法不一苟能以研求自可預知貴賤

拿心賦

余在上行鹽廟西張愛園邀余閱視兒證彼談及相理說有拿心賦最易靈驗乃相士衣食錦囊不肯輕易傳人得此賦甚難故勸余附刻於尾

先師化道不出天地範圍一理貫通能使智人超悟一入門先猜來意未開言先要拿心洞口半開由此挨身而進機關一露即宜就決雌雄若緊處問勞幾句急忙中不可亂言只宜活裏活切忌死中死捉鬼擒妖使他心悅誠服激情撥意探伊面色口風定貴賤勿看衣裳斷高低宜觀動靜到意溫和正是吉祥之兆來人急驟定多凶險之因斜盼連觀預慮其差頭尋事人來察數可推及得失面風奴僕成羣總有奸惡同友併隊豈無刁凶若問流年行運必須收放而言有問宜緩答無語忌先聲我若問他須急快他來問我莫慌忙忤時假裝怒隆時假倍歡他喜我偏怒他怒我偏歡冷處要生急急處要生冷先忤後隆術中妙訣輕敲響賣秘內元機父來問子子必險子若

同親親必殃幼失雙親難許早年享福晚來得子定然半世奔波子若年高功名必冷心麤膽大刑險將來妻剋重重內有生離惡士子孫疊疊豈無殘疾愚頑若染私情夫婦定然不睦交多朋友父母豈不憎嫌老婦再嫁諒必家貧子不孝少年守寡要知衣食足豐盈觀門户能知勤儉見茶湯可决妻能老父奔波無好子兒衣齊潔有賢妻幼配在宮多有凌妻之事老娶嬌婦難逃欺丈之端芝蘭當分荊棘瓦礫要辯金珠清高多貴人之提拔富貴有嫉妬之異端商人忏興廢奸者處官非湖海客談來貿易縉紳人至講唐虞閙市人家須防火燭荒村野店宜慮强人家從親手而興胸有智畧業爲自己而敗性愛風流是英才好風月家資消費愛朋友結弟兄手內空虛虛稀襯假奉承其中有刺欲要吐欲不吐隨賣隨封得鈔時休言多寡賣响處减蹟藏形失撤須留後意受擒作佯歡心逆來順受不可忏咽順中有逆須詳有假是忏必譽是隆必倒進退難投宜施拔法斷談有勢須考心傳一篇通江湖之術數言開造化之機平日若不研求一時豈能大斷（將原賦刪去大半惟錄要句摘）

加增損

金鑰開鎖法即拔法　一拔幼離血地　二拔兩分香烟　三拔當家遲早　四拔隨欠庚年　五拔祖業自改　六拔二母相兼　七拔讀書深淺　八拔日月缺全或庚年　九拔地土鄉風　十拔出姓為先十條暗拔須出門的相士面傳口訣方知其妙

心傳十八法　一見虛虛挑發此為敲拔法　對面步步進挨得進此為追仟法　說得人喜動情生此為順水行船法　說得人發怒回嗔變喜此為逆水撑篙法　言語似真非真似假非假此為改人掩面法　勸人戒是非和骨肉此為看家法　或仟或隆皆不受俱用目下小心此為蓋面法　如仟太枯須用甜言和之以免目前焦燥此為躲閃法　或思未就即將自己本事賣弄一番傍引一心話此為無根興波法　受生是禽或錢少須用疑言以誘之不可談實使彼再來此為留稍法　人情言及所好無不眉開眼笑說及所忌定然目定口呆既得情隆所好直揚直讚仟其所忌半掩半遮此為猛虎負嵎法　仟隆鉗子不足或云不准即將古典書本談論不致理虧

金蟬脱殼怪言令人疑危言令人駭風火謠咽此為大黃通病法　生意不可執一而論一要受生服二要傍讚不論忏隆抽拔必然瀟洒發鬆此為亂捲楊花法　忏隆不可談實面風動靜伺隙即進此為戲水蜻蜓法　火生不忌穿隨但云救丁小口不足此為引玉拋磚法　水生最喜重義不聚恩中招怒此為清涼散病法　出口圓和活泛帳地裝佯脱俗此為夜叉捉鬼法　人多者收人少者放總以要緊幾句謙虛一二聲此為收場法凡相士以此取利者多故斷吉凶禍福皆不足信也

秘本大清相法續集

丁酉秋既有大清相法之輯大旨主於以相論人其要在於修心補相書中固已屢言之近見有心相篇心相歌等百十餘言與余平時議論暗相吻合兼之明白曉暢雅俗共見可謂古人真先得吾心者矣特為錄出以廣其傳外又有行相訣挐心賦及拔瀌二則本屬流俗博取衣食之術未可以為典要然畧一寓目遂覺若輩情形伎倆畢現紙上不獨可以解愚者之惑抑可以博智者之一笑云故并錄於後

◎◎心相篇

此篇陳摶所作○陳摶字圖南五代時隱居華山周世宗名為諫議大夫不受宋太宗即位兩次徵入朝亦不仕賜號希夷先生放還後化形蓮花峯下成仙

心者貌之根審心而善惡自見審心為鑒貌之本 行者心之發觀行而禍福可知觀行乃審心之法

出納不公平難得兒孫長育輕出重入刻剥不仁自然折孫害子 語言多反覆應知心

腹無依暮三朝四反覆無信能不衆叛親離消沮閒藏必是奸貪之輩君子正大光明毫無暗昧欺瞞之事有何消沮
有何閒藏惟奸邪貪鄙之輩行徑纔怕人知披肝露胆決為英傑之人小人陰私詭議毫無直義忠勇之風無肝可披無胆
可露惟英雄毫傑之人肺腑纔可共見心和氣平可卜孫榮兼子貴心和則喜怒中節氣平則物我偕忘一團元氣渾淪
其福自然悠遠才偏性執不遭大禍必奇窮才偏則妄作妄為性執則獨行獨斷一片戾氣磅礴其禍決不壽常轉眼
無情貧寒夭促總是薄情薄則非貧即夭時談念舊富厚期頤總是厚道厚則既富且康重富輕貧焉
可託妻寄子勢利小人從無氣節敬老慈幼必然裕後光前忠厚長者必然榮昌輕口出違言壽
元短折違言昧心之言也輕口而出違言氣散神昏其夭可必忘恩思小怨科第難登小怨些微之怨也忘恩而思小
怨義薄量窄其賤無疑小富小貴易盈刑災准有擔當不起纔估得些小勢利便有多少作威作福不至敗亡不已大
富大貴不動後福無疆承受得起縱與他非常富貴處之卻如磐石泰山自然安享無窮欺蔽陰私縱有榮
華兒不享設心總是刻人利己必無榮華之理縱或有之身後決然敗盡公平正直雖無子息死為神存心果然
大公無私必有子孫之福雖或無之正氣自可配天開口說輕生臨大節決然規避古之殺身成仁者其平日從天理人
欲上有多少刻苦功夫逐節鍛煉過來原不是口裏說得底若開口便說輕生其不曉苦辣可知焉能仗節死義逢人稱知己即深
交究竟平常古之異姓骨肉者其平日從至性至情中有多少積誠感孚直至死生不二原不是逢人便是底若逢人即稱知己其不甚關

切可知有何義胆忠肝

用財厚薄無差少疎虞須防絕後

厚所當厚薄所當薄[illegible]之正道然竟無須少疎虞是錙銖必較絲毫必明情密太過同於殘忍故多絕後

涉世往來多失有寬容亦可圖名

有往莫來有來莫往亦涉世之大病然使其度量寬容是落拓不羈細行不矜潤累雖多無傷大德故可圖名

處大事不辭勞怨堪為梁棟之財

凡事不有身任其勞怨者其功必不成然勞則愛力怨則愛名人情類然若夫雖處大事絕不避勞怨是非有大力量者不能故以任梁棟許之

遇小故輒避嫌疑豈是腹心之寄

凡事亦有必避嫌疑者其節不可敗至義不容辭理不容卻雖蹈何傷倘或偶遇小故輒避嫌疑將欲倚以濟緩急可乎故以非腹心絕之　須知君子之避嫌疑恐其玷辱名行小人之避嫌疑恐其禍患切身恐其玷爭名行細節必嚴恐其禍患切身小故輒避夫人亦誰肯身蹈禍患者但誼關至陸自有不得避其害者雖小人未無至性但知有身何知君友還著些小事故歛身退避曰高見也知幾也然而不仁不義實甚矣

與物難堪不側亡身還害子

與物切忌太甚只顧在己痛快罔思彼實難堪斯怨毒必深近則禍及其身遠則貽害其子

待人有地無端得福更延年

待人最要有容逼至絕地必死寬以餘步得生此陰德無量大則福垂後嗣小亦壽永一身　人所共惜者臉面縱使他人十二分不是也須留他半分臉面使其有地可容若必要處得盡情盡理無論亡命之反徒可畏而造物亦深惡之蓋天地好生不息自開闢以來從未肯做下一件盡絕之事也　昔邵康節先生永訣前語程伊川先生曰面前路徑須令寬路窄則自無着身處況能使人行也先輩格言亦云留餘地以處人即留餘地以處自含而觀之邵先生之言為立教接引後學而言地而做人之道何獨不然大凡平日做人前面亦必要放得寬平廣大我可以往彼可以來如持過窄便是杜絕他人即是杜絕自己也至於待人接物處處當留有餘

不盡自有無窮妙用先輩格言可論迷花戀酒閨中妻妾參商迷花則身範不端戀酒則家政不肅必致閨門生變不甚則含

寃喪氣甚則夫節私奔利己損人膝下兒孫悖逆利己則罔懷仁義損人則專事侵欺必致後嗣逆情不肖則破家蕩產肖

亦藏利攫金賤買田園決生敗子供飲食給日用雖昏喪祭無一不取資於田園使為祖父者巧計貪圖而賤買之良心已失望

子孫之享用也得乎尊崇師傅定產賢郎正心術敦品行性情德業無一不受裁於師傅使為父兄者降心折節以尊崇之道氣開

先子弟有不賢達者鮮矣愚魯人說話尖新刻薄既貧窮尤損壽元說話尖新刻薄總非佳兆然出於聰明人

或者資稟既高福氣亦厚未必遽凶若本係愚魯人而學此口嘴則貧窮夭折必相隨而至矣　竊見世之人不說幾句尖新話以為没趣不說幾句刻

薄話以為太戒故刻意取巧專以機鋒角勝欣欣自得殊不知尖新刻薄最傷心肺而又使人不得認真大損元氣吾願愛身者切須戒之聰明

人語言本訥優容享安康且膺封誥語言本訥優容總是令器然出於愚魯人本質原鈍大生不敏未必大發若本

係聰明人而具此涵養則安富尊榮必有加而無已矣患難中能守者若讀書可作朝廷柱石之臣遇人

患難鮮不苟且如卓然能守其人決不尋常若又能讀書必成大貴安樂中若忘者縱低才寧非金榜題名之

客人處安樂鮮不驕淫如淡然若忘其人大難限量縱使是低才亦登金榜鄙吝勤勞亦有大富小康之別宜觀

其量鄙吝勤勞本是小康之道然亦有以此而享太富者到底是他志量不同奢侈靡麗寧無奇人浪子之分必

視其才奢侈靡麗本是浪子之風然亦有奇人以此而成大業者畢竟是他才能特異弗以見小為守成惹禍破家

難免

人多以見小為守成殊不知見小者禍鍾如性命非能善其守也故往往至惹禍破家

莫認惜福為慳吝輕財仗義儘多

人多笑惜福為慳吝殊不知惜福者為天地豈物力非有吝於己也故往往能輕財仗義

處事遲而不急大器晚成

凡處事恃才者必不肯遲躁性者稍遲便急若夫不務才不任性從容暇裕動出萬全就一事而論雖不驚人卒無僨事就終身而論此為大器自當晚成

見機決而能藏高才早發

凡臨機任私者猶豫不決挾智者一決不能藏若夫不狥私不逞智果毅沉深發必中的就一事而論物無適照應變如神就中身而論此為高才必然早發

春行冬令二十前往赴冥途

少年老成令氣也但意與須銳發不可厭頹

冬若春生八十後猶遊人世

暮年風流敗德也但情性喜中相不可板執

有能吝教己無成子亦無成

有能樂教公己之善者也成物者不益以成己乎若夫吝教則絕物不仁善不相長故己無成予亦無成

見過隱規身可托家亦可托

見過不規利人之災者也利災者又焉肯救災乎若夫規過而且隱則感德曲至必無二心故身可托家亦可托

自滿與知足不同一則矜而受災一則謙而獲福

自滿者天必覆之知足者天必佑之

大言與見才自別一則誕而多敗一則實而有成

大言者百無一成見才者屢試不敗

忮求念勝圖名利到底遜人

名利各有定分若見人之名利忮而忌其有求而利具有貪妬為心若縱圖得名利來也到底遜人

惻隱心多遇艱難中途獲救

艱難人所性有若遇人之艱難惻而痛之深隱而傷之切痌瘝一體當親歷艱難時亦必中途獲救

不分德怨料難至乎遐年

此昏慣之人也心已糊塗壽將絕矣

較量錙銖豈足與乎大福

此鄙細之人也量如針孔

福何有哉過剛者圖謀易就災傷豈保全無過剛者如乘健馬疾奔易於爭先然遭險阻或不免臨崖之危太柔
者作事難成平福亦多安受太柔者如乘疲馬蹣躅難於進步然過坎科或倒無失足之虞樂處生愁一生
辛苦樂雖不可極然當樂而樂何傷乎若樂處而生愁此不會受用之人終身決無快活之日怒時反笑至老奸邪怒雖不可
過然當怒而怒人情人若怒時而反笑此中藏巨測之人到老亦為陰險之徒好矜己善弗再望乎功名矜己之善而且好逢
人必[illegible]誇獎不但弗能再進亦戕相也安望功名樂摘人非最足傷乎性命摘人之非而且樂毛疵不肯容隱不但觸人忌
諱亦損德必傷性命也莫謂深情厚貌難交其中多極品之貴深情厚貌者往往陰險難交然亦有大貴之人
疑神歛氣而其中卻自坦慮無偽淺人為得而知之弗笑柔弱不振無用有時顯旋轉之功柔弱不振者往往闇
茸無用然亦有大材之人養晦待時而其中原自經濟非常俗眼為得而測之責人重而責己輕弟與同謀其事此不
忠不怨之人與之同謀其事徒增懊惱必取僨敗之虞功歸人而過歸己儘堪救患扶災此有德有量之人使以救
患扶災大有經權必獲始終之吉處家孝弟無虧簪纓奕世孝弟無虧大德也本厚者餘慶自長與世吉凶同
患血食千年吉凶同患仁人也澤溥者食報自遠曲意周全知有後總是一體萬物之心纏綿曲至後嗣必有榮昌者
人莫急於不周不全莫苦於不周不全而無有為之周全者事有大小難易周全亦有大小難易如周全人之財帛周全人之功名周全人之骨肉周全
人之患難或急如星火或危在絲懸值壽難措置之時窘急無路而忽有曲為之周全者真如甘露之潤澤枯苗令人有生含死結之感如此盛德安得

不子貴孫榮而今人私相慶幸曰某人其有後矣乎竊嘆世人必要絲毫不費貲財不勞心力現成做好事天下豈有此便宜事情殊不知曲意周全之謂何所以有空生人世終身不曾做得一件好事者坐觀成敗之惡同於殘忍故往往得絕嗣之報

任情激搏必凶亡

總是取極一時之快激搏盡情不遠必致凶亡矣　任情激搏乃小人逆情取快之事如水本順下而激使在山搏使過顛反其常道顛倒自非其始不過取快一時其後直至貽害家國斷無不凶亡之理

易變臉薄福之人奚較

君子交絕不出惡聲非有橫逆大故豈肯輕易變臉若夫稍拂己私悖然見面此真無常之小人也福德淺薄與之較論得失反為失人

耐久朋能容之士可宗

小人倏忽便生機變雖有莫逆之交斷然不能耐久若夫誼關至性常變不渝此真有恒之君子也器量包容仗以倚庇身家亦何不可

好與人爭滋培淺而前程有限

其量窄其性乖元氣剝削無餘前程自然有限　凡事之是非理之曲直大義攸關公道所係君子亦不得已而有爭非好也若夫好爭者竟以爭為能事不拘沒緊要處亦必要嚷鬧一番提給取勝欣然自得夫非有有所損何須怒目張唇非有所益奚取揚眉解頤此真薄福之相自愛者所宜痛改

必求自反蓄積厚而事業能伸

真心平其志篤實德充積日進事業必然得伸　小人專務責人君子必求自反責人則精神散漫於外自反則精神凝聚於內散漫於外故德日就銷亡凝聚於內故德業日加充長且君子於人之全不是處必要尋一分是出來則人可恕於己之全是處必求刻求一分不是出來則德日修

少年飛揚浮動顏子之限難過

少年人必能穩重沉潛方能有福有壽若飛揚浮動決然夭折無福可知

壯歲冒昧昏迷不惑之期怎免

壯歲時必有定力卓識方享大德大壽若冒昧昏迷決主喪亡於德何有

喜怒不擇輕重一事無成

凡遇要喜怒之時務須按捺得定審擇輕重方能從容中節若暴喜

暴怒之人神氣粗浮必然不成一事喜怒有對人言者有對事言者此蓋以事言也喜怒不擇輕重則幾微小順便志滿氣得頭重腳輕幾微小適便怨天尤人腳荒手亂此其所以終不能成一事歟

笑罵不審是非知交斷絕

凡值可笑罵之事務須見聞得真詳審是非方可從容發揮若輕笑輕罵之人專信簸弄必然斷絕知交笑也者鄙其人而非笑之也罵也者數其罪而辱罵之也在背地則似乎笑為輕而罵為重在覿面則罵不可當面笑尤不可當要啓令人難堪之事長厚者不忍為也然果笑所當笑罵所當罵得其是非之真發其愧悔之隱未必非助人為善之一道若夫或傳聞莫須有之說面任意笑罵舌底瀾翻敗人行檢無論身受者痛心刺骨即旁觀者亦畏其他日輕信流言掉三寸舌而嬉笑怒罵之不可當也則莫不斂身遠避矣

濟急拯危亦有時乎貧之福自天來

斷無不破一文而能濟人危急之事故仁者好好施亦或有身遭貧之者也然而惜也之意自有以默孚上蒼

解紛排難恐亦涉乎囹圄名揚海內

斷無不招一怨而能解人患難之事故義士激直亦或有身陷囹圄者然而忠勇之風自足以傾動海內

餓死豈在紋擋拋衣撒飯

人無衣則凍無飯則餒衣飯乃兩間之至寶不知珍惜其人必死於饑寒

瘟亡不由運數罵地咒天

人生於天時養於地財天地有莫報之深恩敢於咒罵其人必亡於瘟疫

甘受人欺有子忽然大發

涉世甘心受欺自有困極必伸之理天報不爽

常思退步一身終得安閒

作事先圖退步自無窘迫失措之虞立身必安

道德邀名富貴場中絕後

此假道學之報有道德之人天所深愛而道德之名天所最吝非真吝也蓋道德之名必欲予真有道德之人也若口談仁義僅借道德以邀名亦足以僥倖富貴而欺世盜名造物忌之故絕其[illegible]

此務虛聲之報聲聞過實與

所佔之題目大故絕後之報亦大若夫聲聞過實凡德藝才華皆足致譽且日過實則尚有實存而亦未必有心以邀之也特實與名不相稱耳故多乜之報亦稍輕乜者難也如蹭蹬阻節皆是**舉止不失其常非貴亦須大富壽可知矣**此厚重端方之人也神清者享大貴之榮氣濁者享大富之祿福異也而壽考不異**喜怒不形於色成名還立大功奸亦有之**此智深勇沉之人也大賢以此成名立功大奸以此攬權濟惡器同也而心術不同**無事失措愴忙光如閃電**總是薄福之相光如閃電謂眼前縱有富貴亦倏忽消磨也**有難怡然不動安若泰山**總是大福之相安若泰山謂眼前縱遇風波必終享榮貴也

積功累仁千年必報積大功累大仁澤溥蒼生勳在萬世遺其效於千年者其源遠其流長其氣候不得不遲也**大出小入數世其昌**出主盈入主減予人以惠結人以恩速其效於數世者其德顯其感捷其響應亦自然而速也**人事可憑**以善惡言**也天道不爽**以禍福言也

○再詳**如何餐刀飲劍君子剛愎自用小人行險僥倖**有位之君子須公聽並觀最怕是挾才自用而又濟之以剛勇狠愎必招非常之禍未有不致殺軀者無位之小人須安分守己最怕是希圖僥倖而又加之以冒險妄行必蹈不測之危未有不遭刑戮者**如何投河自縊男人才短蹈危女子氣盛見逼**丈夫志高最苦是才短不得自伸然安常處順無妨若蹈危逸必益遭困辱欲不死而不能矣婦女量窄最多是氣盛不能自解然相寬相慰可保若逢窘迫必無地生存將一死其何疑乎**如何短折亡身出薄言做薄事存薄心種種皆薄**薄言口不仁厚薄事身不仁厚薄心意不仁厚自謂於物無傷而不知寡恩無義薄德同於惡德三者居其一已足以損壽而況於種種皆薄乎

此薄字不但指尖酸刻利只凡

不厚便是也即如議論做人不說道談做好人卻必要說道當今之世做好人不得如何便見得當今之世竟做好人不好畢竟平日曾真心實意做幾件好事來喫了幾次做好人底虧自己不曾做好事或不會做好事或偶然做得些小好事稍不稱意便信口如此說出來萬一輕信者竟以為然輩相作惡是將使天地間竟斷絕做好人底路了又如見人家天火燒縱使本家有可燒之道現在烈焰冲天最為可慘卻不說道可憐而說道該燒燒得痛快誠思平日果曾親受伊家之害否即使平日親受其害亦未必有如此之傾家蕩產烈火横燒之慘也總是恣激之談信口說出以為無甚傷礙而不知其薄實甚推之薄事薄心皆然

如何凶災惡死多陰毒積陰私有陰行事事皆陰

陰毒暗裡傷人陰私暗中刻剝陰行暗地淫邪自謂人所不見而不知鬼鑒最神陰惡甚於陽惡三者得其一已足以召凶而況於事事皆陰乎

如何暴疾而殁色慾空虛

色慾過度消耗元精如木枯空不堪摧折

如何毒瘡而終肥甘凝臟

肥甘太多凝膩腸胃如水淤壅必致崩潰

如何老後無嗣性情孤潔

孤則無偶潔則多僻於物一無可容故終至獨立無依

如何盛年喪子心地欺瞞

欺則虛詐瞞則匿情見利昧心趨取敗亦為之奪其至愛

如何多遭火盜刻剝民財

天有愛民之心而後生材能敏達者使之居上撫綏必於百姓有饑寒而流離失所者曲為設法拯救之方為不虛此位若反刻其膏血剝其肌膚但飽一己之私橐罔恤兆姓之顛連如此不仁之人火盜交加天亦必使其消磨殆盡也

如何時犯官符調停失當

人有及身之禍而後擇戚屬故舊浼其從中解釋必於兩家有不和而爭訟不息者曲為調和停息之方為不負所托若踤忽生變或背義營私事敗則引身遠避事成則索謝居功如此不忠之徒官符送至天亦必使其桔梏不逭也

如何端揆首輔常懷濟物之心

民物胞與自是宰相襟期

如何

拜將封侯獨挾蓋世之氣蓋世豪雄豈非封拜人品如何玉堂金馬動容清麗玉堂金馬之器亦有其德然有本身之德亦或享先世之德其動容則無有不清麗者如何建牙擁節氣概凌霄建牙擁節之人必有其才然或以才立功亦或以才而濟惡其氣概則無有不凌霄者如何丞簿下吏量平膽簿丞簿下吏亦何可量惟其平且簿則止於此矣如何明經教職志近行拘明經教職亦何可量惟其近且拘則止於此矣如何苗而不秀非惟愚蠢更荒唐愚蠢者能切實猶可上進若更荒唐真貴物矣如何秀而不實蓋為自賢兼短行身賢者能直美或可成名若兼短行真自絕矣

○次考若論婦人先須靜默多言犯七出之條從來淑女不貴才能有才非四德所貴有威嚴當膺一品之封惟端方而崇禮教有威嚴尊貴之氣望而可至豈非一品夫人少修飾難掌萬金之重惟老成而尚德故少修飾厚道之風樸而彌光定是萬金主婦多言好勝若然有嗣必傷身多言而又好勝必爭鋒鬪氣無子者多幸或有子傷身難免盡孝兼慈不特助夫還旺子盡孝而又能慈必上和下睦助夫可決非但助夫旺子有餘貧苦中毫無怨詈兩國褒封婦人寡識最不耐守清貧若富貴時毫無怨詈必然封誥榮身常惜衣糧滿堂榮慶婦人易盈最不善處富貴常惜衣糧必然榮華裕後如奴婢成羣定是寬宏待下婦人最會使勢苛刻待下奴婢焉能立身貲財盈篋決然勤儉持家婦人最會耗財驕惰偷安貲財斷然少積步月觀花或者私期暗約花月乃詩人美景婦人安得有此風韻恐為私期暗約者或有之拈香入寺豈皆求福修

行寺院乃清淨道場婦人豈宜輕入法門果皆求福修行乎未可必在家念佛持齋必不睦乎夫子婦人慾心尤盛現有夫主緣何好事淨屠必其夫婦不和無聊怨命而然也出外遊山玩水果常逆乎公姑閨門不得自尊上有公姑豈得任情闖浪則其忤逆不孝家法不道可知矣孀婦倘然性妬老後無歸嫠婦守節者亦多邀福尚若性妬寡恩非但剋夫亦且無嗣故卜其老後無歸奚婆若是情乖少年浪走奴婢出身者亦有高貴若是情乖賣態決非完體定有私淫故知其少年浪走為甚欺夫顯然淫行夫乃婦之天為甚而淩制乎顯然恩愛已分緣何無子暗裏傷人子乃婦所寶緣何而斬子乎總是陰毒果報信乎骨格部位相輔而行骨格部位雖好而心卻不好縱有外相亦無用必心好則骨格部位相輔而行矣允矣血氣精精神由之而顯血氣精神不好由於心不好雖欲色莊而不能果心好則血氣精神由之而顯矣知其善而守之錦上添花知道何者為有福之相便當守而弗失能守則能進自然福上加榮知其惡而弗為禍能轉福知道何者為薄福之相便當改而弗為日改則日新必定凶能化吉洩盡元機細參奧旨有心無相相隨心生有相無心相隨心滅是造化不測之機也已盡洩於是矣福中有禍來必有因禍中有福禍發於莫覺是陰陽倚伏之奧也當細推精參其旨焉

心相歌將心命歌改○正心修身讀此心相歌自然有回心動念之意也

心好相又好富貴直到老心好相不好天地也須保相好心不好中途天折了心相俱不好貧賤受煩惱心乃相之原最要存仁道相乃形之本窮通難

可料信相不修心陰陽空虛矯修心可改相造物須相報善乃福之基惡乃禍之兆陰德於陰功存忠每存孝富貴有宿緣禍福人自召方便扶危厄勝如做齋醮天地有洪恩日月無私照子孫受餘慶祖宗延壽考我心與彼心各欲致榮耀彼此一般心何用相計較第一莫欺瞞第二休奸狡萌心欲害人鬼神暗中笑相有一分虧心要十分好心相兩修持便是終身寶

心漸蔽喪之圖

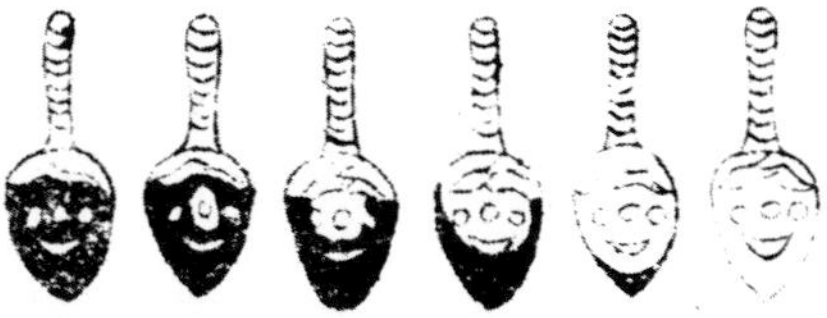

赤子始生渾具本心

感欲而動初蔽本心

理欲交戰半蔽本心

情蕩愈熾過蔽本心

夜氣無存甚蔽本心

幾希盡喪全蔽本心

觀此六圖黑氣日有所長則正氣日有所虧勢如劈竹易而速若肯修心亦能全退然終圖一點最難全除若無恒心猶恐漸次復大

造化不測之機也已盡洩于是矣禍中有福來必有因禍中有福藏於莫覺是陰陽倚伏之奧也當細推精參其旨矣

心相歌

將心相歌作一正心修身看讀此心相歌自然有回心動念之意也

心好相乂好富貴直到老心好相不好天地也須保相好心不好中途夭折了心相俱不好貧賤受煩惱心乃相之原最要存仁道相乃心之委窮通難可料信相不修心陰陽空虛矯修心可改相造物俱相報善乃福之基惡乃禍之兆陰德與陰功存忠每存孝富貴有宿緣禍福人自召方便扶危厄勝是做齋醮天地有洪恩日月无私照子孫受餘

心漸蔽喪之圖

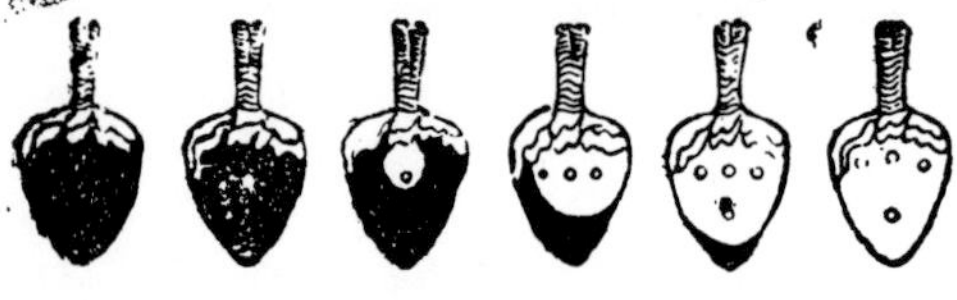

赤子始生渾其本心
感欲而動初蔽本心
理欲交戰半蔽本心
情蕩愈熾過蔽本心
夜氣無存甚蔽本心
幾希盡喪全蔽本心

觀此六圖黑氣日有所長則正氣日有所虧勢如勞竹易而速若肯俯心亦能全退然終圖一點最難全除若無恆心猶恐漸次復大

心脩復明之圖

陷溺既久亡失本心
滌汚刮垢初復本心
改過遷善漸復本心
克己去私半復本心
去邪存誠甚復本心
衆善奉行全復本心

觀此六圖黑氣日有所滅則正氣日有所長狀若開山難而緩若肯改惡從善須立功過簿逐日在晝書上記每月一結至則一點全除

慶祖父延壽考我心與彼心各欲致榮耀彼此一般心何用相計較第一莫欺瞞第二休奸狡萌心欲害人鬼神暗中笑相有一分虧心要十分好心相兩修持便是終身實薛敬軒曰每日自呼主人翁在家否至夕時必於靜室自問心曰今日所爲各事不傷天理否合理否倘對不過天理者後日自當戒慎也

心一堂術數古籍珍本叢刊　第一輯書目

堪輿類

章仲山挨星秘訣（全彩色）
臨穴指南
靈城精義箋（全彩色）
堪輿一覽
三元地理真傳（線裝）
姚氏地理辨正圖說
地理辨正補
欽天監風水正論（線裝）
蔣徒傳天玉經補註
三元天心正運（全彩色）
元空紫白陽宅秘旨（全彩色）
羅經舉要（全彩色）
漢鏡齋堪輿小識
陽宅覺元氏新書
地理辨正補註
許氏地理辨正釋義
三元地理正傳（全彩色）
地理辨正天玉經內傳要訣圖解（全彩色）
地理方外別傳
星卦奧義圖訣（全彩色）
地理秘珍
三元挨星秘訣仙傳（全彩色）
欽天監地理醒世切要辨論（全彩色）
地理辨正抉要
地理法門全書
地理辨正抉要
元空法鑑批點本，秘傳玄空三鑑奧義匯鈔合刊
元空法鑑心法
地經圖說
地理辨正自解

易盤暨各派風水秘驗斷鈔
羅經解
李默齋家傳地理秘書　辟徑集　合刊
天機素書
地理辨正發微
玄空挨星秘圖　附堪輿指迷

命理類

命理大四字金前定數（全彩色）
韋氏命學講義
命理斷語義理源深
千里命稿
文武星案上下卷
精選命理約言
斗數宣微
斗數觀測錄
地星會源斗數綱要合刊（全彩色）
皇極數（1－4）
星命風水秘傳百日通
鐵板神數（清刻足本）——附秘鈔密碼表
邵夫子先天神數（1－2）
斗數演例（全彩色）
滴天髓闡微——附李雨田命理初學捷徑
算命一讀通——鴻福齊天
命學探驪集
命理用神精華（原本）
澹園命談
命理尋源
新命理探原
滴天髓微義
蠢子數纏度
先天蠢子神數
《斗數秘鈔》《紫微斗數之捷徑》合刊
命譜
徐樂吾滴天髓微義
徐樂吾命理尋原
段氏白話命學綱要
八刻分經定數
子平玄理

相法類

相法易知
相法秘傳百日通
新相人學講義
手相學淺說
神相全編正義
相門精義
大清相法

三式類

壬課總訣（全彩色）
六壬教科六壬鑰
壬學述古
奇門揭要（全彩色）
奇門大宗直旨（全彩色）
奇門三奇干支神應（全彩色）
奇門廬中闡秘（全彩色）
六壬秘笈——韋千里占卜講義
奇門行軍要略
大六壬類闡（全彩色）
甲遁真授秘集
大六壬尋源二種（上）（下）
奇門心法秘纂（全彩色）
奇門仙機（全彩色）
大六壬尋源二種
秘鈔大六壬神課金口訣
秘傳六壬課法附金口訣
大六壬指南
大六壬探源
太乙鑰
太乙統宗捷要
太乙會要
六壬經緯大全

其他類

述卜筮星相學
中國歷代卜人傳